아직도 생각 중이라고 말하지 마라

사소한 행동 하나를 쌓아 큰 성과를 만드는 셀프 멘토링의 힘

아직도 생각 중이라고 말하지 마라

박천웅 지음

시그니처
SIGNATURE

하면 될 것을!

누군가의 호의好意로 한 끼 따뜻한 밥을 먹을 수는 있지만, 그 호의가 내 인생을 바꾸지는 못한다. 또 누군가의 악의惡意로 잠시 넘어질 수는 있지만, 그 악의가 내 인생을 망치지는 못한다.

뻔한 소리 같아도 인생은 결국 내 의지로 '열심히 사는 것'이다. 그런데 이게 생각처럼 간단하지가 않다. 사람들은 의외로 열심히 사는 법을 잘 모른다. 열심히 살고자 하는 의지가 없는 게 아니라 열심히 사는 법을 모르고 있는 것 같다.

흔히 '생각을 바꾸면 모든 것이 바뀐다'고들 한다. 반 병의 물을 보고 겨우 반밖에 남지 않았다고 탄식하는 것과 아직 반이나 남았다고 생각하는 것은 전혀 다른 결과를 낳는다. 이 이야기는 세상을 바라보는 태도가 얼마나 중요한지를 여실히 보여준다. 우리가 알고 있는 대로 태도는 궁극적으로 삶의 방향에 영향을 미칠 것이고, 그 결과까지도 바꿀 것이다.

물론 그렇다. '호모사피엔스Homo sapiens'라 불리는 인간에게 '생각'이란 분명 가장 강력한 무기다. 그런데 생각을 바꾸면 정말 모든 것이 바뀔까?

나의 대답은 '생각은 위대한 힘을 가지고 있으나 생각 그 자체만으론 아무것도 바꿀 수 없다'이다. 생각만으로 변화가 생길 거라는 기대는 초능력을 믿는 것과 별반 다르지 않다. 더구나 생각을 바꾸는 게 어디 쉬운 일인가. 이렇게 반문할지도 모르겠다. 도대체 당신의 주장은 무엇이냐고. 그렇다면 순서를 바꿔 이렇게 말해보자.

'행동이 바뀌면 생각은 저절로 그 행동을 따라간다.'

장고 끝에 악수 난다

꽤 오랜 시간 한 회사에 다니다 결혼한 사내커플이 있다. 이렇게 말하면 대부분 연애 기간이 길었을 것이라고 여길 것이다. 그런데 알고 지낸 시간이야 길었지만 이들의 연애 기간은 상당히 짧았다. 함께 근무하던 회사에서도 센세이션을 불러일으켰을 만큼 갑작스러운 결혼 발표였다. 이들이 도대체 어쩌다 결혼을 하게 되었는지, 이 둘의 만남과 연애 과정은 어떠했는지 많은 사람들이 궁금해했다. 그런데 이 남편이란 사람의 말이 걸작이었다. 함께 일한 경험이 꽤 있으니 그 사람의 취미·가치관·성격 등 서로에 대해 알 만큼은 안다고 여겼고, 배우자로서 손색이 없겠다고 생각했다는 것. 여기까지는 충분히 예상할 수 있었던 내용이었다. 그러나 다음 말은 모두의 예상 밖이었다.

"그래서 어느 날 다짜고짜 나와 결혼할 마음이 있냐고 물었습니다. 그리고 결혼할 마음이 있으면 사흘 후 이 시간까지 대답해 달라고 했지요."

연인으로서의 감정이 오고 간 적 없었던 상대에게 다짜고짜 자신과 결혼할 마음이 있냐고 묻다니! 그것도 사흘 안에 마음을 정하라니! '그렇게 안 봤는데 상남자 스타일이네, 자신감과 패기가 대단한 걸, 그 정도로 그녀가 좋았나' 등등 의견이 분분했지만 그 남자의 이유는 간단명료했다.

"시간을 많이 주면 사람은 생각을 오래 하게 되고, 생각을 오래 하면 할수록 결국 부정적인 결론에 도달할 확률이 높거든요."

바둑 둘 때 '장고長考 끝에 악수惡手 난다'는 말을 프러포즈에 적용한 것이다. 당시 이 남자는 회사의 신규 사업 계획을 수립하고, 그 타당성 및 수익성을 검토하는 부서에 근무했다. 물론 회사의 신규 사업 계획과 자기 인생 계획은 다르다고 할 수도 있겠지만 그는 본인이 자신의 업무에서 발휘한 최적화된 생각과 태도가 인생에서도 통한다고 여겼다.

생각은 생각을 낳는다. 그렇게 증식된 생각은 꼬리에 꼬리를 물고 사방으로 뻗어 나간다. 사방으로 뻗어 나간 생각은 결국 벽에 부딪힌다. 그 벽이 바로 부정적 결론이다. 현실의 벽이라고도 한다.

생각 없이 사는 것도 문제지만 생각을 너무 많이 하는 것도 문제다. 생각을 너무 많이 해서 생기는 가장 큰 문제는 '생각만 하게 된다는 것'이다. 수학 문제를 눈으로만 풀 듯 머릿속으로 이렇게 저렇게 하면 되겠지 하는 생각은 때로 실제로는 아무런 행동도 하지 않으면서 이미 원하는 결과를 얻을 만큼 노력했다는 착각에 빠지게 한다. 착각의 늪이란 게 원래 그렇게 실체가 없다. 이전에 잠시 해본 일이니 지금도 할 수 있다고 여기는 것도 위험하지만 해보지도 않은 일을 생각만으로 할 수 있다고 착각하는 것은 그야말로 위험천만하다.

지금껏 너무 걱정만 했다

'신포도와 여우'란 우화를 기억할 것이다. 머리 위에 주렁주렁 달린 먹음직스러운 포도를 발견한 여우는 그 포도가 먹고 싶어 안달이 났다. 힘껏 앞발을 뻗었으나, 포도에 미치지 못하자 포도 넝쿨 아래서 군침만 잔뜩 흘리다가 결국 돌아선다. '저 포도는 시고 맛이 없을 거야'라는 말을 남긴 채.

도달하고 싶은 목표가 있다면 그것을 위해 최선의 노력을 기울여야 한다. 그 정도는 알고 있다고 할지 모르겠다. 하지만 나는 '최선의 노력'을 다한 '실행력'에 방점을 찍고자 한다. 물론 위대한 생각이 위대한 행동을 낳는 경우도 종종 있지만 대부분은 행동으로 이어지지 못하고 생각에서 그친다. 이런 의미에서 열정을 증명하는 도구는 행동이라 해야 할 것이다. 그 행동이 뚜렷한 결과를 가져온다는 전제에서 말이다.

여우는 사다리를 만들든, 포도 넝쿨을 타고 오르든, 포도 넝쿨의 밑동을 베든 조금 더 적극적인 실행력을 보였어야 했다. 그래야만 성공이든 실패든 결과를 얻을 수 있다. 포도 넝쿨을 향해 손을 뻗어보는 것에서 그쳤으므로 남은 건 변명밖에 없다. 그러나 신포도라는 확인할 수도 없는 자기변명이 스스로를 구원할 리는 만무하지 않은가. 타인에게 하는 변명은 비굴하지만 스스로에게 하는 변명은 비참한 기분만 돌려준다. 실행력 없는 목표는 허상에 불과하고 움직이지 않는 열정은 허무하다.

회사를 막 창업했을 때의 일이다. 직원 워크숍을 준비하며 번지점프를 제안했다.

"번지점프를 한다고 없던 도전정신이 생기는 것도 아니잖습니까!"

직원들의 볼멘소리를 사장인 내가 먼저 뛰겠다는 말로 잠재웠다. 장담은 했지만 번지점프를 하기로 한 날짜가 다가올수록 불안감이 밀려왔다. 일하다가 잠시 여유라도 생기면 불안감이 점점 더 심해졌다. 보통 수준의 스트레스가 아니었다. 혹시 워크숍을 하기로 한 날에 출장 갈 일은 없는지 골몰하기도

했고, 당일 아침에는 왜 이렇게 날씨가 화창한 건지 화가 나기
까지 했다.

드디어 현장에 도착했다. 눈앞에 버티고 서 있는 번지점프
대는 생각보다 훨씬 높았다. 한 걸음씩 다가갈수록 그 높이가
더해지는 것 같았다. 장비를 착용하고 아래를 내려다보았다.
현기증이 났다. 이젠 물러설 수도 없는 일이다.

에잇! 죽기 아니면 까무러치기 아닌가.

허공에 몸을 날렸다. 순간 온몸의 감각이 일시에 정지했다.
아무것도 느낄 수 없었고 모든 것이 종교에서 말하는 무無의
형국으로 돌아간 듯했다. 언젠가 다가올 이승과 저승의 경계
가 이런 느낌이지 않을까. 고백건대, 사장으로서 직원들에게
멋진 모습을 보여주고 싶었지만 그 순간만큼은 이대로 죽는
게 아닌가 싶었다. 그러나 잠시 후 정신을 차렸고, 이내 출렁이
는 밧줄에 의지한 채 위를 쳐다보고 있는 직원들에게 손을 흔
들어주는 여유까지 과시했다.

그날 한 사람의 낙오도 없이 전 직원이 번지점프를 마치고
나서 함께한 자리는 여느 때와는 분위기부터 달랐다. 자신감
과 성취감으로 가득 차 있었다고 할까. 그 특별한 날 우리가 가
졌던 공통된 소감이란 바로 이런 것이었다.

'뛰면 될 것을 너무 걱정만 했다.'

그렇다. 뛰면 되는 것이었다. 그 후 번지점프는 신입사원의

통과의례이자 우리 회사의 전통이 되었다.

인재 지원 서비스 사업을 하는 회사의 사장으로서 나는 어쩌면 대한민국에서 젊은 직장인들과 취업 준비생을 누구보다도 많이 만난 사람인지 모른다. 오늘도 나는 장밋빛 미래를 꿈꾸는 젊은이들을 만났다. 그 미래를 위해 지금 무엇을 하고 있느냐고 물으면 열에 아홉은 무엇을 할 것인지 '생각 중'이라고 답한다. 우리 회사 직원들에게 업무 지시를 내린 후 진행 과정을 확인해보면 똑같은 대답을 한다.

"아직 '생각 중'입니다."

우리는 그동안 크고 멋진 것에만 현혹되어 살아온 건 아닐까? 때로는 적절히 포기하고 대세에 순응하면서 말이다. 나는 인생을 살아가는 데 있어 특별한 비결이란 애초에 없다고 생각한다. 그냥, 진짜 그냥 하면 된다.

처음부터 거창한 목표가 아니어도 된다. 지금 갖지 못한 것을 아쉬워할 순간에 내가 가장 잘하는 방법을 찾자. 이 책에서 나는 지난 19년 동안 전국의 대학생들을 대상으로 많은 성과를 냈던 셀프 멘토링 프로그램들을 소개했다. 셀프 멘토링의 핵심은 스스로 자문자답하면서 자신의 그릇 크기와 용도를 파악하는 셀프 메저링이다. 나 스스로를 평가하고 객관화하는 힘을 가지면 내 그릇에 맞게 쓰일 수 있다.

자신을 과대포장하는 것도 문제지만 그렇다고 너무 과소평가해서도 안 된다. 누구에게든 어떤 일에든 방법은 있게 마련이다. 머리 싸매고 생각하느라 혹은 세상 탓하느라 보낼 시간에 그냥 시작하라. 그게 무엇이든 그 작은 행동 하나하나가 쌓여 내가 한탄하고 비하하고 울분을 토로한 세상에서 나를 위해 싸울 무기가 된다.

마음먹지 말고, 깊게 생각하지 말고, 지금 그냥 시작하자.

Do it right now!

2018년 겨울의 문턱에서
박천웅

6장 회사 입장에서 바라본 조직생활 백서

1장

마음먹지 마, 깊게 생각하지 마, 그냥 시작해!

이기는 것에는 아무런 의미가 없다는 말은
못 이기는 사람들의 변명이다.

– 빌 게이츠(Bill Gates, 1955년~) : 미국의 기업가, 마이크로소프트사 설립자

내가
이런 일이나 할
사람이 아니라는
생각이 든다면

             ————————————————— 멘토링에 참가하는 대학생 중 의사가 되어 UN에서 일하고 싶다는 친구가 있었다. 이 친구는 길거리에서 유명인을 만나면 밀집된 인파를 헤치고 들어가 꼭 인증숏을 찍는다고 한다. 사진을 보면서 나중에 본인도 그렇게 될 것이라는 자기 암시를 하기 위해서란다. 그래서 물었다.

"그 꿈을 가진 게 언제부터지? 그동안 그 꿈을 달성하기 위해 어떤 노력을 했는지 이야기해 줄 수 있을까?"

이 친구는 눈만 멀뚱멀뚱할 뿐 대답이 없었다. 재차 물었다.

"지금 자네가 꿈꾸고 있는 사람들이 어떻게 살아왔는지에 대해서는 혹시 알고 있어?"

한 젊은이의 꿈을 부정하려는 게 아니다. 다만 꿈을 이루기 위해서는 무엇보다 자신이 지금 어디쯤 위치하는지를 정확히 알고 있어야 한다는 것을 알려주고 싶었다. 현실 인식이 우선이다. 그는 현재 의대에 다니는 것도 아니었고, 편입할 계획이 있었지만 실제로 그럴만큼 치열하게 노력하는 것 같지도 않았다.

'지금 자네 나이에 이미 의사가 되어 있는 친구들도 있을 텐데, 꿈을 이루려면 지금 자네가 그 친구들보다 훨씬 뒤떨어져 있다는 사실을 먼저 인정해야 하는 거야.'

나는 이 말을 해주고 싶었다.

세상 모든 것이 움직인다. 때문에 제자리에 가만히 서 있기만 해도 나는 뒤처진다. 죽어라 뛰어도 제자리다. 성공하지 못하는 사람들의 보편적인 특성은 이렇다. 그다지 큰 노력을 하지 않으면서 꿈을 꾼다.

지금 내가 하고 있는 일에 의미 부여하기

두 사람이 있다. 한 사람은 자신의 모습에 만족하지 못하는 사람이고, 다른 한 사람은 자신의 능력에 비해 세상을 비하하는 사람이다. 결론부터 말하자면 두 사람 모두 이 험난한 세상을 헤쳐 나가기엔 심각한 결함을 가졌다.

우선 자신의 모습에 만족하지 못하는 사람. 이들이 공통적으로 호소하는 어려움 중 하나는 지금 하고 있는 일에 대한 가치를 도무지 모르겠다는 것이다. 자신을 둘러싼 환경과 세상은 날로 변하고 발전해가는데, 자신만 늘 제자리걸음을 하고 있다는 느낌이라고 한다. 모두가 의미 있는 일, 가치 있는 일을 찾아가는데 자신만 그대로라는 불안감에 휩싸여 퇴보하고 있다는 느낌마저 든다는 것이다. 이 정도면 고민을 넘어 우울증에 가깝다. 그러면 물어보자. 특별하게 의미 있고 가치 있는 일이란 도대체 무엇인가? 자신의 일에서 정말 찾고 싶은 의미와 가치는 과연 어떤 것인가?

물론 이 세상에는 그 자체로서 독보적인 의미와 가치를 지닌 일들이 있다. 대표적으로는 사람의 생명을 살리는 의학 관련 분야나 사회 안전망을 지키고 정의를 실현하는 데 기여하는 일 그리고 학문적 깊이를 추구함으로써 인간 지식과 능력의 지평을 넓히는 일 등을 꼽을 수 있겠다. 말하자면 인류와 사회 그리고 역사에 공헌하는 일들이 여기에 속한다. 지금 와서 이런 일을 하고 싶다고 눈을 반짝인다면 난 이렇게 이야기해줄 수밖에 없다.

"이미 너무 늦어버렸어요. 이런 일들은 아주 어렸을 때부터 준비해야 하는 거라서. 그렇다고 실망하고 지금처럼 계속 자신을 불만족스럽게 여긴다면 난 앞으로 당신을 최소한의 자존감도 없는 사람으로 여길지도 모릅니다."

인류 발전에 공헌하고 사회 정의를 실현하는 대단하고도 독보적인 의미와 가치를 지닌 일은 극소수에 해당한다. 당연하게도 그 일에 종사하는 사람도 적다. 실제 대부분 사람들은 그렇게 대단한 의미까지는 없어도 누군가는 반드시 해야 하는 일, 독보적인 가치라고 할 수는 없지만 전체 사회에 편의를 제공하는 일을 하며 살아간다.

우리 대부분은 이처럼 평범한 일을 하면서 나름대로 의미와 가치를 찾는다. 어쩌면 나름의 의미와 가치가 누군가에게는 인류 발전의 그것에 버금갈 수도 있다. 지금 현재 자신이 하는 일에 의미를 부여하고 가치를 만들지 않으면, 그 어떤 일을 하더라도 만족할 수 없을 것이다.

한편 자신이 가진 능력에 비해 세상을 비하하는 사람도 세상엔 많다. 이런 사람들은 직장에서도 늘 이렇게 생각한다.

'내가 여기에서 이런 일이나 할 사람이 아닌데…….'

안타까운 건 실제로 이런 판단을 하는 사람들이 자기 생각만큼 주위로부터 평가를 받지 못한다는 사실이다. '이런 곳에서 이런 일이나 할 사람이 아닌데 아깝다'라고 생각하기는커녕 '이 정도 수준의 일조차 제대로 못 하다니!'라며 고개를 절레절레 흔들지도 모른다.

머리만 파묻는 타조가 되지 않으려면

자기를 가장 잘 아는 사람은 자기 자신이다. 냉정하고 객관적인 자기 평가를 기반으로 자기가 할 일과 해도 되는 일 그리고 해서는 안 될 일을 구분해야 한다.

내가 정말 여기에서 이런 일이나 할 사람이 아니라는 생각이 든다면, 더 의미 있고 더 고상한 가치가 있는 일을 위해 혹은 나를 더욱 잘 대우해주는 곳을 찾아가겠다는 목표를 세우기 전에 현재의 나를 돌아봐야 한다.

더 멋있고, 더 폼 나는 일은 얼마든 있다. 나 자신을 돌아보는 짧은 시간에 그런 일자리가 어디로 달아나지도 않는다. 판단은 그 이후에 해도 늦지 않을 것이다. 실패를 줄이기 위해서라도 내일의 바람보다 먼저 오늘 나는 어떤 평가를 받는 사람인지 돌이켜보는 게 순서다.

더 나은 내일을 꿈꾸는 이들의 소중한 희망을 힐난하려는건 아니다. 앞서 말한 두 사람을 비교하자면, 의미 있고 가치있는 일을 하고 싶다는 희망사항을 가졌다는 점에서 같고, 후자가 본인 이외에는 모두 무능력하다는 생각을 한다는 점에서 다르다. 어차피 우리는 모두 색안경을 끼고 있다. 그러나 과대망상의 색안경을 끼고 있다면 서둘러 벗어버려야 한다.

타조는 맹수가 달려들면 피하거나 맞서 싸우지 않고 머리만 모래 속에 파묻는다. 결국 자신에게 닥친 위기를 부정하다 죽음을 맞는 것이다.

거창한
목표가
아니어도

──────── 성공한 사람 100명에게 직접 확인한 성공법칙을 정리한 책 『평범했던 그 친구는 어떻게 성공했을까』는 성공을 위해 특별히 중시해야 할 항목으로 경력, 이미지, 조직 관리를 꼽고 있다. 그런데 경력 관리에 있어 놀랄만한 사실은 성공한 인물 중 95%가 성공을 위해 구체적인 목표를 세우지 않았다고 응답한 것이다. 보잉사社의 부사장 마이크 시어스는 "성공한 사람들 대부분은 처음부터 큰 목표를 세우지 않는다. 좋아하는 일이 있으면 일을 붙잡고 즐길 뿐이다. 지나치게 목표에 집착하는 것은 성공의 가장 큰 장애물"이라고까지 주장했다.

인맥과 학맥을 성공의 필수 요인으로 꼽은 사람은 25%에 불과했다. 대신 '융통성과 외모'를 각각 96%와 100%로 응답했고, 성공에 운이 작용한다는 대답도 90%를 차지했다. 카리스마 역시 성공비결이 아니다. 성공한 사람 중에는 카리스마보다 자신의 잘못을 순순히 인정하며 약한 모습을 보이는 사람이 훨씬 많다고 한다.

'좋아하는 일이 있으면 그냥 붙잡고 즐길 뿐'이라는 대목도 눈에 띈다. 성공했다고 하지만 이들 역시 자신의 재주를 특별한 곳에 두지 않았다. 이들은 단지 그것을 좋아했고, 그것을 붙잡고 즐겼다. 혹시 성공의 필수 요인으로 외모를 꼽았다는 점이 눈에 거슬렸어도 너무 걱정할 필요는 없을 것 같다. 국내외 기업 면접관 5명 중 3명은 외모보다 인상을 더 중요시하며, 외모와 인상 중 어느 쪽이 더 중요하냐는 질문에도 응답자 중 58.2%가 인상이 더 중요하다고 밝혔다는 자료가 있다.

내가 가장 잘하는 방법을 찾자

굼벵이도 구르는 재주 하나쯤은 타고났다고 했다. 구르는 재주가 무슨 대단한 재주랴 싶겠지만 그 재주라도 없었다면 굼벵이는 이미 오래전에 생태계에서 자연도태되고 말았을 것이다. 모두가 대단한 능력을 갖추거나 특별한 의미나 독보적 가치를 지닌 일을 하며 사는 건 아니다. 하지만 누구든 무엇인가에 기여할 만한 능력 하나쯤은 가지고 있다. 그것이 무엇이든 그 능력을 찾아 키우기 위해 노력해야 한다. 누구나 잠재력을 가지고 있기 때문이다. 이렇게 보면, 우리가 인재라 부르고 성공자라 존중했던 사람들도 사실은 대단히 멀리 있지 않다.

초나라의 유비는 제갈공명을 얻기 위해 삼고초려를 했다. 만일 유비가 아니었다면 제갈공명의 출중한 재주를 알아볼 이 누구였을까. 한두 번도 아니고 세 번씩이나 찾아가 기어이 세상을 위해 그 능력을 쓰게 하다니, 유비도 참 집요한 인물이다. 어쩌면 그냥 초야에 묻혀 시골 훈장이나 하면서 음풍농월吟風弄月이나 했을지도 모를 위인이었을 텐데 말이다. 이쯤 되면 재주를 가진 이도 대단하지만 그 재주를 발견해서 세상에 드러내 주는 이도 참 대단하다는 생각이 든다. 아무튼 유비는 인재를 보는 눈이 상당했던 것 같다.

조선 세종 때 장원급제한 강희맹은 '인재와 인재인 척하는 자들은 늘 섞여 있게 마련이다. 어떻게 그것을 구분해 쓸 수 있는가?'라는 질문에 '세상에 완전한 사람은 없지만 적합한 자리에 기용한다면 누구라도 재능을 발휘할 수 있다'라는 요지의 대답을 했다고 한다. 그의 대답은 '사람이 자리를 만드는 게 아니라 자리가 사람을 만든다' 정도로 이해된다. 이걸 현대적으로 옮기면 '단점을 버리고 장점을 취하는 게 인재를 구하는 기본 원칙이다' 아닐까. 인재란 따로 있는 게 아니라 제 그릇에 맞게 쓰면 되는 것이다. 재주도 마찬가지다. 재주란 바로 그 사람이 가진 그릇이고, 그릇은 제 용도에 맞으면 빛을 발한다.

뛰어난 인재란 마음의 중심을 확고히 하여 자질구레한 것에 얽매이지 않고 누구보다 열심히 일하면서 자기 이름이 드러나는 것을 조심하는 사람을 일컫는다. 자신에게 없는 것에 연연하지 말고 이미 가지고 있는 것의 의미와 가치를 키워 나가는 것이 현명하다. 그런 게 바로 동서고금을 막론하고 세상이 인정해주는 재주다. 상대적인 의미와 가치가 크지 않은 일은 있어도 아무런 의미와 가치가 없는 일은 없다. 그런 일이라면 처음부터 누군가 맡아서 할 필요도 없었을 테니까.

우리의 능력이나 재주도 마찬가지다. 유비는 제갈공명을 얻은 것을 물고기가 물을 만난 것에 비유했다. 이를 '수어지교水魚之交'라고 한다. 누군가에게 당신도 이런 인재였으면 좋겠다.

How to ▶
내가 갖지 못한 능력을 탐할 것이 아니다

내 능력과 가치를 인정받을 수 있는 가장 쉬운 방법은 내가 가장 자신 있게 할 수 있는 일을 하는 것이다. 자신 있는 일을 하면 즐기며 할 수 있고, 나중엔 여유까지 생긴다. 그런 여유가 더 잘하고 싶다는 마음을 키운다. 다른 사람을 따라가는 것만으로도 급급한 상황에서는 더 잘하고 싶다는 생각조차 할 여유가 없다.

그래서 누군가 '천재는 노력하는 사람을 이길 수 없지만 노력하는 사람도 즐기는 사람은 이길 수 없다'고 하지 않았던가. 먼 옛날 중국의 현인 공자孔子도 '아는 사람은 좋아하는 사람을 능가할 수 없고, 좋아하는 사람은 즐기는 사람을 넘지 못한다'는 말을 했다.

내가 갖지 못한 능력을 탐할 것이 아니라 내가 가장 자신 있게 할 수 있는 일이 무엇인지 찾도록 하자. 내가 가장 잘하는 방법으로 그 일을 즐기게 되면 내 능력은 어느새 몰라볼 정도로 향상되어 있을 것이다. 그렇게 향상된 능력은 언젠가 특별한 가치를 지니게 된다.

일단락을
계속
미루는
사람들

──────────── 해마다 한 번씩 맞이하는 날이지만 12월 31일과 1월 1일은 전혀 다른 느낌을 준다. 달력으로 치면 종이 한 장 차이고, 자연의 시간으로 따지면 고작 한 찰나에 지나지 않음에도 말이다.

12월 31일과 1월 1일은 물리적으로는 분리시킬 수 없는 짧은 순간이다. 그런데 우리는 그 짧은 순간을 쪼개어 서로 다른 감정을 교차시키곤 한다. 자정을 기점으로 불과 조금 전까지는 지난 일에 대한 후회와 아쉬움을 달랬다면 자정이 지나면서 새로운 희망으로 가득 차곤 하는 것이다. 심지어 설레기까지 한다. 이처럼 거의 다 비슷한 마음으로 묵은 해를 보내고 새해를 맞는다. 기분 탓이라 할 수도 있지만, 이것이 바로 새롭다는 것이 주는 특별함이다. 그러나 진정한 새로움을 만끽하기 위해서는 조건이 하나 있다.

단계별로 마침표를 찍는 훈련

인간에게 주어진 시간이 동등하다면 선후를 분명히 해야 뒤에 진행되는 일의 부담이 준다. '일단락'에 관한 말이다. '일단락'이란 사전적 의미로 '일의 한 단계를 끝냄'을 뜻한다. 인생에는 장기적 목표가 있고, 단기적 목표가 있다. 이 두 가지 목표는 별개의 것이 아니라 서로 유기적으로 연동되어 있다. 수많은 단기적 목표가 쌓여 결국 장기적 목표가 된다. 단기적 목표 하나가 곧 하나의 단계이며, 각 단계는 그 결과의 성패를 떠나 일단 마무리를 짓고 넘어가야 한다.

도달하지 못한 목표가 있는데도 적당히 마무리하라거나, 아직 현실로 만들지 못한 꿈을 접으라는 말이 아니다. 현명해지고 냉철해지자는 거다. 지난 일에 아쉬움이 남는다고 일단락도 봉합하지도 않은 채 무작정 새해의 새로운 목표와 꿈을 갖는다면, 결과는 불을 보듯 뻔하지 않은가. 실패의 연속이다. 우선 충분히 반성해야 한다. 충분히 반성한 다음 그것을 기반으로 아직 완성하지 못한 목표와 꿈을 수정하는 쪽으로 방향을 잡아야 할 필요가 있다.

중요한 것은 명확한 자기 인식이다. 내가 과연 누구인지, 어느 정도의 능력을 갖추고 있는지 그리고 정해진 목표를 얼마나 실천할 수 있는지 등을 냉정하게 분석해야 한다. 철저한 자기반성이란 이런 것들 모두에 솔직해지는 것이다. 그런 후에야 나에게 부족한 점이 무엇인지, 내가 제대로 잘할 수 있는 것은 또 무엇인지를 철저하게 파악할 수 있다. 그냥 조금 해보니 어려운 것 같아서, 왠지 잘 안 될 것 같아서 혹은 힘이 들어서 목표를 수정한다면 결국 목표에는 도달하지 못한다. 이러한 자기반성과 자기 인식의 과정이 있어야 유의미한 일단락이라 할 수 있다.

문제는 일단락 짓는 것 자체를 계속 미루려는 마음이다. 그 단계의 일을 지속할 것인지, 다른 방향으로 우회하더라도 목표나 궤도를 수정해 장기적인 목표를 향해 나아갈 것인지 혹은 장기적 목표까지도 수정할 것인지를 정하지도 않고 묵혀둔다. 경험에 비추어 보건대 이런 사람들의 인생은 어느 시점을 보건 늘 미완성이었다.

책상에 오랜 시간 앉아 있는데도 성과가 미흡한 직원이 있었다. 일에 대한 집중도가 매우 떨어졌는데, 휴식을 취할 때도 뉴스 검색이나 인터넷 서핑을 하며 좀처럼 자리에서 일어나지 않는 것이었다. 그래서 30분간 집중해서 일하고, 그 이후에는 반드시 자리에서 일어나 휴식을 취한 다음 새롭게 일을 하도록 지시했다. 그 직원의 업무 성과가 늘어났음은 물론이다.

하루를 기준으로 많은 일을 하는 것 같아도, 사람은 누구나 특정하게 정해진 시간 동안 결국 한 가지 일에만 몰입할 수 있다. 업무의 특성상 동시에 여러 일을 처리하기도 하지만 그렇지 않은 경우가 더 많다. 그러므로 대부분의 일은 몰입의 정도에 따라 성과의 차이가 난다. 이때 단위별로 정리하는 습관은 업무의 몰입도와 함께 수행 능력에 직접적인 영향을 미친다.

쉼표와 마침표를 적절히

두 사람이 각각 수레를 끌고 언덕을 올라간다고 하자. 힘든 작업이기 때문에 휴식을 취해야 한다. 그런데 이 두 사람이 휴식을 취하는 데에는 차이가 있었다. 한 사람은 언덕의 중간쯤에서 휴식을 취했고, 다른 한 사람은 언덕 위의 평지까지 올라가서 휴식을 취했다. 외형상으론 별 차이가 없을지 모른다. 그러나 한 사람은 벌써 몇 개의 언덕을 넘어 자신의 목적지에 도착했고, 다른 한 사람은 밤이 새도록 단 하나의 언덕도 끝까지 오르지 못했다.

19년째 진행하고 있는 멘토링 프로그램 '물고기 잡는 법'에서는 단위 프로젝트별로 일을 처리하는 방식을 훈련시킨다. 이 과정에서 멘티들은 단위 프로젝트에 대한 중요성을 몸으로 익힌다. 단위 프로젝트에 따른 목표를 정해 그 결과를 정리하고, 단위별로 취합된 소결들을 전체 프로젝트의 총결로 완성하는 것이다.

처음부터 쉽게 적응하는 멘티들도 있지만, 그렇지 않은 친구들에게 나는 '쉼표와 마침표를 적절히 사용하라'고 조언한다. 목표를 실천하는 과정에는 중간중간 쉬어야 할 때도 있지만, 반드시 마무리를 짓고 난 후 휴식을 취해야 할 때가 있는 법이다.

때로 쉼표를 찍어야 할 지점이 정확히 어디인지를 판단하기가 쉽지 않을 때가 있다. 그러므로 목표와 방법은 되도록 구체적이어야 한다. 자신이 세운 목표를 숫자로 계량화할 수 있다면 더욱 좋다. 가령, 토익 공부를 할 때 분기별, 월별, 주간별 계획을 목표 점수에 맞추어 구체적으로 세우는 것이다. 목표는 가시화된 것이어야 하고 손에 잡히는 것일수록 성취할 가능성이 크다.

경우에 따라선 버릴 줄도 알아야 한다. 계획을 세울 당시엔 꼭 달성될 것 같던 목표라도 시간이 지남에 따라 변하는 상황 때문에 예상치 못한 차질을 빚을 수도 있다. 더구나 최소한의 여유도 없이 편성된 계획은 성공하기 어렵다. 일의 경중과 우선순위를 따져 과감하게 선택해야 한다.

청소년기의 학생이라면 연령에 맞게 정해진 학교를 졸업해야 하고, 적어도 대한민국 남성이라면 청년기 초반에 군대를 갔다 와야 하듯, 일단락되어야 할 순간에 그렇게 하지 못한 인생은 미완성으로 남기 쉽다.

모든 것을 다 이루겠다는 것은 욕심이다. 한 가지라도 반드시 실현하겠다는 의지가 필요하다. 말 그대로 일단락 짓고 넘어가자! 그 지점에 찍는 쉼표나 마침표가 자신의 현재를 말해 주는 좌표이다. 그리고 그 좌표가 있어야만 다음 행보를 계획하고 결정할 수 있다.

How to ▶
말줄임표로 문장을 끝내 버린다면?

일단락 짓는 것을 미루려는 성향의 사람들은 대체로 평소 말하는 습관에서도 일정한 패턴을 보인다. 좀처럼 종결 어미를 사용하지 않는다. 이러한 패턴은 글에서도 여지없이 드러나는데, 종결 어미 대신 수많은 연결 어미로 문장을 이어가다가 마침표를 찍지 않고 말줄임표로 문장을 끝내 버린다. 이런 사람들은 마침표를 찍는 훈련이 시급하다. 말하는 습관이나 글 쓰는 습관 그리고 나아가 인생을 살아가는 습관은 크게 다르지 않을 테니 말이다.

Tip ▶ 언어 습관 체크 리스트

1. 주어와 서술어가 분명한 문장으로 말하고 쓰는가?
자주 주어를 생략하지 않는가?

2. 좋고 싫음, 옳고 그름이 분명한 문장을 사용하는가?
상대의 판단을 흐리게 하는 모호한 표현을 자주 사용하지 않는가?

3. 반드시 그 의미가 분명한 종결 어미를 사용하고 있는가?
이유 없이 문장의 끝을 흐리지 않는가?

4. 한 문장 안에 다수의 연결 어미를 사용하지 않는가?
마침표 대신 말줄임표를 남발하여 문장을 길고 장황하게 늘이고
핵심을 흐리지 않는가?

나만아는
빠른 길은
없다

—————————— 뒤처진 사람에게는 다 그만한 이유가 있다. 그 이유란 한때 안일했던 삶의 태도나 방식이었을 것이며, 스스로 극복하기에는 다소 벅찼던 환경적 요인이었을 것이고, 선천적 혹은 후천적으로 형성된 개인적 역량 등이었을 것이다. 그렇지만 뒤처진 이유는 그렇게 중요하지 않다. 중요한 것은 자기 자신이 남보다 뒤처졌다는 사실을 인식하는 것이고, 그 인식을 기점으로 앞으로는 어떻게 할 것인지 전략을 세우는 것이다. 그다음은 누가 뭐래도 최선을 다해 뛰어야 한다.

뒤처진 사람이 만회하려면 어떻게든 뒤처진 만큼 노력해야 한다. 분명 그 노력은 뒤처지지 않으려는 노력 이상이어야 한다. 그래야만 나보다 앞선 사람을 따라잡을 수 있다. 나의 눈물 겨운 노력을 가상하게 여겨 앞서 있던 사람이 제자리에 서서 기다려줄 리도 만무하지 않은가. 적어도 그 이상의 노력은 해야 한다. 따라잡기라도 하려면 말이다. 그런데 대부분 사람은 생각과 의욕에 비해 노력에는 언제나 인색하다. 앞서가는 생각만큼 행동이 따라주지 않는 것이다.

전략가이거나 몽상가이거나

성공을 희망하는 사람 중에는 지나치게 전략가이거나 아니면 지나치게 몽상가인 타입이 있다. 앞의 사람은 전략을 수립하는 데 엄청난 노력을 투자한다. 행동하기보다는 성공이라는 생각 자체에 에너지를 소모한다. 그래도 이 사람은 고민할 만한 걸 고민하기에 좀 낫다. 뒤의 사람은 이런 전략적 중간 과정을 완전히 생략한 채 성공자로서 완성된 이미지만 머릿속에 그린다.

어찌 되었건 두 부류가 공통적으로 지닌 문제는 상상력만으로 원하는 목적지에 도달하려 한다는 점이다. 더구나 기껏 수립한 전략이란 게 지름길 찾기에 불과하다. 저 멀리 나보다 앞선 사람을 단번에 따라잡기 위한, 심지어는 그 사람을 앞서기 위한 빠른 길을 찾는다.

단언하지만 나만 알 수 있는 빠른 길은 없다. 그리고 빠른 길과 짧은 길은 엄연히 다르다. 거리가 짧기 때문에 빨리 갈 수 있다고 여기지만 실제로는 항상 그런 것도 아니다. 목적지를 입력하면 가장 짧은 거리를 안내하는 내비게이션이라도, 그 길이 가장 빠른 길이라 확신할 수 있을까. 그 길을 따라가다 보면 차량이나 신호등이 많은 도심 한복판을 통과하게 되어 시간이 오히려 배나 걸리는 경우가 허다하다. 가장 짧은 거리였지만 가장 더딘 길인 것이다.

모든 일에는 단계가 있는 법이다. 단계를 무시하고 목표에 도달할 수는 없다. 꿈과 희망에도 단계가 있다. 이루고 싶은 인생의 목표와 비전이 있다면 반드시 그에 맞는 단계를 거쳐야 한다. 단계를 거치지 않는 목표와 비전은 그야말로 망상일 뿐이다.

'당신의 첫 번째 챕터와 다른 누군가의 스무 번째 챕터를 비교하지 말라Do not compare your chapter 1 to someone else's chapter 20'는 말이 있다. 지금 나의 모습이 초라할지라도 너무 조급해하지 말라는 희망적 메시지로 해석할 수도 있지만, 이 말의 진정한 의미는 단계를 무시하지 말라는 것이다. 지금 스무 번째 챕터에 도달한 다른 누군가 역시 첫 번째 챕터를 지나 두 번째, 세 번째, 네 번째……그리고 열아홉 번째 챕터를 거쳐 그 스무 번째 챕터에 도착했다. 나 역시 그 단계를 모두 거쳐야 스무 번째 챕터에 도달하게 된다. 그러나 애석하게도 그때가 되면 앞서간 다른 누군가는 마흔 번째 챕터 혹은 그 이상의 챕터에 가 있을 것이다.

차곡차곡 단계를 밟는 비장한 노력도 없이 남과 비교하는 것은 무의미하다. 그의 걸음이 쉬지 않는 한, 제아무리 만만한 상대라 할지라도 그는 영원히 비교할 수 없는 대상이다.

걱정스러운 건, 많이 뒤처질수록 자괴감과 불안감에 시달리게 된다는 점이다. '모든 단계를 차곡차곡 밟아서 언제 앞사람을 따라잡지?', '이건 완전히 불가능한 일이야!' 이런 생각이 들 수도 있다. 그 많은 단계를 다 거치려면 얼마나 많은 시간이 필요할 것이며 또 그 시간 동안 앞선 상대는 더 얼마나 진보해 있을 것인가. 그가 나를 기다려 주지도 않을 테고 말이다. 막막하기만 할 것이다.

'어느 세월에 그 많은 단계를 모두 거치나' 라는 조급한 마음은 스스로를 무기력에 빠뜨린다. 왜냐하면 거기엔 이미 '아무리 많은 세월이 흘러도 나는 불가능해' 라고 하는 부정적 사고가 스며있기 때문이다. 말이 쉬워서 한 걸음 한 걸음 단계를 밟는다는 것이지 결국 포기하고 말 사람이 대부분이다. 어제와 같은 오늘, 오늘과 다르지 않은 내일을 그냥저냥 살아가도록 나를 방치하는 것. 이것이 무기력이 아니면 무엇이겠는가.

하지만 지금이라도 시작하지 않으면 영원히 현재의 이 단계에 머물 수밖에 없다.

무기력은 일종의 질병이다. 실패가 두려워서 아무것도 하지 않는 것, 돌다리도 두드려보고 건너라는 말 때문에 소심해지는 것. 하나 같이 무능력이란 말과 밀접하고, 결국엔 아무것도 얻을 수 없다는 점에서 같다. 조직이든 개인이든 급변하는 시대에 적응하려면 옳다는 생각이 들었을 때 즉시 실행에 옮겨야 한다. 실행에 옮긴 후 궤도를 수정해도 늦지 않다. 늦지 않다는 게 아니라 사실 그 방법밖에 없다. 현실의 시간은 그렇게 흐른다.

'뛰면서 생각하자!'

How to ▶
이유를 생각하는 시간 줄이기

이유를 생각하는 시간은 짧을수록 좋다. 마찬가지로 내가 뒤처지게 된 이유에 대해서도 될 수 있으면 짧고 간결하게 생각하자. 따지는 시간이 길면 길어질수록 변명거리만 늘어난다. 누구나 그렇다. 그러면 결과는 뻔하다. 자기 연민의 늪에서 허우적거리거나 자기합리화의 무기로 무장한다. 한 편의 가련한 인생 스토리가 탄생하는 것이다. 뒤처진 데는 분명 그럴 만한 이유가 있다. 그렇다고 해서 변명만 할 수도 없지 않은가.

철저한 원인 규명과 인과관계의 재구성도 좋지만, 내 인생을 한 편의 소설로 만드는 일은 이제 그만 멈춰야 한다. 아무리 그럴듯한 소설이 완성되더라도 나에게 주어진 인생 그 자체는 아무것도 변하지 않는다. 인생의 변화는 반드시 거쳐야 할 단계마다 마무리 짓고 넘어갈 때 비로소 찾아온다.

셀프 멘토링, 자문자답의 위력

────────── 회사를 처음 운영할 때, 정말 많은 어려움을 겪었다. 회사를 어떻게 운영해야 하는지 배울 곳도 마땅찮았고, 가르쳐줄 사람도 없었다. 이론적인 부분이야 책을 통해 얻을 수 있었지만 실제로 회사를 둘러싼 환경과 당면한 문제에 적용할 지혜를 구하는 데는 한계가 있었다.

그렇다고 손을 놓고 무작정 있을 수만은 없었다. 신설업체에다 작은 규모지만 그래도 엄연히 회사였고, 무엇보다 회사가 잘못되었을 때 경영자 혼자만 책임지고 끝나는 것이 아니라 직원 전체에게 엄청난 피해를 가져올 수 있기에 섣부르게 판단할 일도 아니었다.

우선 '신문을 통해서 배우자'란 생각이 들었다. 전 같았으면 단순히 읽고 지났쳤을 기사에 대해 '왜 그런 주장을 할까', '그렇다면 결과는 어떻게 될까', '나라면 어떻게 할까' 등 구체적인 시각을 가지려 했고, 스스로 질문하고 스스로 해답을 만들어내기 시작했다.

회사의 중요한 결정을 해야 할 때라면 '경쟁사라면 어떻게 할까', '그들과 차별화하려면 어떻게 해야 하나' 등을 자문하면서 리더가 절대로 가져서는 안 될 편견과 독선을 어느 정도는 극복할 수 있었다. 이런 질문은 점점 더 앞으로 나아가며 또 다른 질문을 도출해냈다. '내가 고객이라면, 혹은 내가 거래처의 사장이라면 무엇을 원할까? 이런 상황에서 내 선배라면 어떻게 처리할까?' 자문자답을 하면서 많은 문제를 해결했다.

타인의 관점에서 생각할 수만 있다면 일의 해결책이 보이기 시작한다. 내가 선택하지만 여러 사람의 관점을 반영한 것이므로 함께 선택한 것이란 생각도 든다.

나의 특성을 충분히 이해하고 조언해줄 만한 멘토를 찾는 것은 정말 더 없는 행운이다. 그러나 스스로가 자기 자신의 스승이 되는 것도 상당히 효과적이다. 멘토링 프로그램 '물고기 잡는 법'에서도 이 자문자답을 통해 문제의 해결점을 찾는 방법은 대단한 성과를 거두었다. 스스로 하는 멘토링, 이른바 '셀프 멘토링'이다.

셀프 멘토링의 첫 단계는 나에게 질문하는 것이다. 질문을 받은 나는 어떻게 해서든 대답해야 한다. 그것이 최선책이든 차선책이든 말이다. 셀프 멘토링을 네 단계로 나누면 다음과 같이 정리할 수 있다.

STEP 1	STEP 2	STEP 3	STEP 4
자문자답	객관화하기	항목화하기	목표 설정
'나'에게 질문하기	'나'와 거리두기	'나'를 정리하기	목표와 단계 설정

셀프 멘토링을 할 때 주의할 점이 있다면 철저하게 나를 객관화하는 것이다. 어쩔 수 없이 인간은 '자아'를 중심에 두고 성찰할 수밖에 없다. 판단에 있어서 수많은 오류는 이 '나'라는 관념 때문에 생긴다. 나 홀로 살아갈 생각이라면 모를까 사회를 이루어 그 사회의 구성원으로 살아가려면 적어도 사회의 일부인 '나'의 실체를 바로 보고 인정해야 한다.

타인에 대한 기본적인 배려가 있어야 한다고 해서 무작정 나를 버리라는 것은 아니다. 상호 공존을 위해 나의 범위를 확장하자는 것이다. 이렇게 되면 '우리'라는 개념은 진정성을 갖는다. 그렇게 될 때, 내가 가지고 있는 부정적 소산인 오기, 질투, 분노, 시기의 감정이 긍정적인 도전정신, 한계극복, 끈기로 변환되어 나타난다.

인간은 유한하다. 한정되어 있고 한계가 있는 존재다. 이럴 때 훌륭한 누군가가 내 곁에 있으면서 조언을 해주었으면 하지만, 멘토 역役을 맡은 그 사람이 언제나 내 곁에서 나를 지켜 줄 수도 없는 노릇이다. 부모조차도 함께 하는 시간보다는 떨어져 있는 시간이 훨씬 많지 않은가. 더구나 세상이 발전할수록 다변화되고 전문화된 한계를 극복하기란 정말 쉽지 않다. 이런 까닭으로 셀프 멘토링의 필요성은 단순히 있으면 좋은 것이 아니라 있어야만 하는 절실한 것이다.

동감한다면, 이제 '스스로 멘토가 되자'.

How to ▶
희망사항과 목표는 다르다

희망사항과 목표는 엄연히 다른 것이다. 전자와 후자 둘 사이의 차이가 있다면 무엇보다 성과를 만들어낼 수 있느냐의 문제로 귀결된다. 그것이 엄밀한 의미에서 목표라면 반드시 성과를 만들어내야 한다. 이즈음 아주 간단한 자문자답이 필요하다. 아직도 자신의 희망사항과 목표 사이에 아무런 차이가 없는가.

있다면 다행이고, 없어도 상관없다. 다만 희망사항을 목표로 재구성할 일만 남았다. 그리고 곧 그것은 성과로 이어져야 한다. 단 어떤 일이든 성과를 내려면 주어진 문제에 앞서 다음의 7가지 질문을 항상 염두에 두어야 한다.

- 무엇을 할 것인가?
- 어떻게 할 것인가?
- 달성 가능한 목표인가?
- 이대로 하면 되는가?
- 남들은 어떻게 하는가?
- 예측하지 못한 상황은?
- 판단기준은 무엇인가?

해답 역시 스스로 찾아야 한다. 이런 과정을 통해서 희망사항은 목표로 전환된다. 목표를 정하고 난 후엔 반드시 계획을 세워야 한다. 그러나 계획이 완벽할 필요는 없다. 그리고 완벽할 수도 없다. 다만 실현 가능해야 한다.

계획이 수립되었으면 실행에 옮기자. 언제? 지금 당장! 조금만 있다 하자는 변명이 마음 어느 구석에라도 있다면 그건 실패한 계획이다. 지금 당장 실행에 옮겨야 한다.

천성을
이기는
습성의
힘

───── 대부분 자신의 모습에 만족하지 못한 채 살아가지만, 그 모습을 쉽게 바꾸지는 못한다. 사람이란 원래 쉽게 바뀌지 않는 존재다.

그래서 지구상의 많은 사람은 어떤 획기적인 이변이 없는 한 지금까지 살아온 대로 살아가게 되어 있다. 천성이 게을러서 그렇고, 천성적으로 의지가 약하고 악착같은 데가 없어서 그렇다는 말은 너무 단단해서 쉽게 부서지지 않는다.

누구나 날 때부터 쉽게 바뀌지 않는 천성을 가지고 있음을 부인하기는 어렵다. 그렇다고 모두가 그 천성대로만 살아가는 것도 아니다.

천성은 바꿀 수 없지만 습성은 바꿀 수 있다

타고난 천성은 몸에 밴 습성을 만들고, 습성에 의해 오랜 세월 길들여진 인성을 형성한다. 천성과 습성 그리고 인성이 한데 어우러져 빚어진 것이 바로 우리 자신이며, 그에 따라 인생의 진행 방향이 정해진다.

나는 거의 모든 사람이 대체로 '천성적으로는' 게으른 편에 속한다고 생각한다. 자신의 편안함과 안락함을 제일로 생각하는 것이 인간의 본능이며, 지금 눈앞에 놓인 당장의 욕구를 우선적으로 해소하려는 것이 최소한의 동물적 욕망이기 때문이다. 늘 부지런하고 성실하게 움직이는 것보다 조금은 게으르고 나태해 보이더라도 일단은 편안하고 보자는 식 아닌가.

내셔널 지오그래픽에서 제공하는 동물의 왕국을 떠올려 보라. 격한 사냥과 풍족한 식사를 마친 후 황금빛 들판을 배경으로 늘어져 있는 사자를 말이다. 왜 그런지 그런 상황에 있는 사자는 꼭 거대한 송곳니를 드러내며 하품을 해댄다. 누구나 게을러질 수밖에 없는 것이 천성이다.

그러면 천성대로만 살아가는 다른 동물과 우리 인간의 차이는 대체 무엇일까?

무릎이 시큰거리고 불편해서 병원에 간 적이 있다. 무릎 연골이 많이 약해졌다고 한다. 당장은 큰 문제가 없지만 더 나이를 먹고 몸이 약해지면 고생할 수 있으니 지금부터라도 신경을 쓰란다. 그러면서 의사가 내려 준 처방이 가히 인상적이었다.

"연골을 강화시키기 위해서는 무엇보다 운동을 열심히 하는 게 최곱니다. 그런데 운동할 시간 없으시지요? 뭐 따로 시간 내서 하실 필요는 없고요. 그냥 서 있는 동안 두 다리에 힘을 꽉 주고 있으세요. 그렇게 하면 무릎에 근육이 생겨서 연골도 튼튼해집니다."

그때부터 서 있는 동안엔 다리에 힘을 주는 습관이 생겼고, 틈만 나면 앉았다 일어났다 하는 운동을 시작했다. 이왕 하는 김에 팔굽혀펴기와 윗몸일으키기도 했다. 그렇게 두 달이 지났다. 무릎의 통증이 거짓말처럼 깨끗하게 사라지는 게 아닌가. 뿐만 아니라 온몸의 근육이 탄탄해지기까지 했다.

천성을 따르는 삶에는 반드시 후회의 순간이 찾아온다. 당장의 편안함과 안락함만을 추구했다가 머지않아 그 대가를 된통 치르는 것이다. 천성을 바꿀 수 없다면 습성이라도 바꾸자. 사람은 쉽게 바뀌지 않지만 전혀 바뀌지 않는 것은 또 아니다. 중요한 것은 행동이고 실천이다. 행동하기 위해서는 의지가 개입되어야 한다. 그래야 작심삼일에 그치지 않고 지속력을 갖는다.

변화는 습성을 바꾸려는 노력에서 시작된다. 습성이란 습관에 의해 만들어진 것이기 때문에 습관을 바꿈으로써 충분히 변화를 기할 수 있다. 아침에 늦잠을 자거나 어떤 일이든 뒤로 미루는 습관의 사람들이라면 우선 일찍 잠드는 것으로 정하고 알람을 여러 번 맞추어 놓더라도 자꾸 일어나는 습관을 들여야 한다. 꼭 이른 새벽에만 해야 하는 일을 정해 놓으면 긴장감 때문에라도 일찍 일어나는 데 도움이 된다. 그리고 일을 맡으면 미루지 말고 즉시 시작하도록 하라. 오래 생각하면 좋은 결론이 나올 것 같지만 실제로는 미루어 두었던 것을 허겁지겁 처리하기 때문에 오히려 좋지 않은 결론에 도달하기 쉽다.

인생 자체에 변화를 주려면 그동안의 삶의 패턴을 바꾸어야 한다. 패턴을 바꾸지 않으면 아무리 좋은 계획이라도 성공하기 어렵다. 여러 가지 구상을 하고 엄청난 계획을 세우지만, 결과로 나타나는 경우는 드물다.

정작 중요한 건 '습관을 바꾸는 계획'이고, 극복의 대상은 '어제의 내 모습'이다. 운동이든 일이든 습관이 될 때까지 계속하도록 하라. 한동안은 의지로 버티고 가겠지만, 습관이 되고 나면 그때부터는 저절로 된다. 이게 바로 위대한 습관의 힘이다.

1년 후 당신은

──────────── 어떤 일이 몸에 밴다는 것은 그만큼 그 일이 쉽고 편해진다는 의미다. 어렵고 힘든 일은 저절로 익숙해지지 않는 법. 힘든 일에 익숙해지려면 익숙해질 때까지 그저 묵묵히 참고 하는 수밖에 없다. 그러나 어렵고 힘든 것을 참아내며 한다는 것부터가 이미 쉽지 않다.

쉽지 않은 일을 지속하려면 일정 기간은 그 일에만 집중해야 한다. 이 시기에 다른 일이 끼어들게 되면 관심과 역량이 분산될 뿐 아니라, 조금이라도 더 쉽고 편한 쪽으로 몸이 쏠려서 결국 쉽고 편한 일에 익숙해지게 마련이다.

이것이 바로 우리의 본능이다. 어렵고 힘든 일은 이렇게 요원해지고 마는 것이다.

무슨 일이든 1년을 올인하면 어느 정도는 익숙해진다. 유일한 방법은 꾸준히 할 수밖에 없는 환경을 만들고 그 환경에 나를 밀어 넣는 것이다.

영어 공부를 해야 하는데 영어 학원에 꾸준히 나갈 자신이 없다면, 영어 선생님을 내가 있는 곳으로 찾아오게 하는 방법도 고려할 수 있다. 요즘 유행하는 전화 영어라면 그렇게 큰 비용이 들지도 않으니 한 번쯤 시도해볼 만한 일이다. 비용 면에서 자유롭다면 아주 비싼 개인 교습을 신청해 보는 것도 좋은 방법이다. 비용이 아까워서라도 혹은 학생이라곤 오직 나 하나뿐이기 때문에 미안해서라도 어떻게든 수업에 나가게 될 테니 말이다.

이런 식으로 할 수밖에 없는 상황, 하지 않으면 도저히 안 되는 상황을 만들어 꾸준하게 지속하는 것이다. 이렇게 1년을 지속하면 괄목상대刮目相對까지는 아니더라도 어떤 일을 처리하는 데 약점이 되지 않을 수준까지는 실력이 향상된다. 꾸준히 할 수 있을 정도의 의지력과 인내심은 머지않아 달라진 내 삶의 품격을 보장할 것이다.

인간은 의지의 동물이다. 그러나 달리 보면 우리 인간만큼이나 나약한 동물도 없다. 그만큼 감상적인 존재이기도 하다. 사는 게 힘들다고 능동적으로 죽음을 택할 수 있는 동물은 자연계에서 인간밖에 없다고 하지 않던가. 인간에게 믿을 것은 의지밖에 없는 상황이지만 또 천하에 믿을 수 없는 것이 인간의 의지라는 것이야 말로 인간의 딜레마다.

어렵고 힘든 일에 올인해서 굳이 익숙해진다고 뭐가 달라지느냐고 묻는 사람도 있을 것이다. 그 일이 반드시 특별한 의미와 가치를 지닌다는 보장도 없고 말이다. 중요한 것은 그 일의 의미와 가치가 아니라 올인했을 때 얻을 수 있는 경험이다. 목표했던 그 일의 결과뿐 아니라 실제로 그 이상의 소득이 있는 일임에 분명하다.

몰입한 내가 주는 선물

1년이라는 시간은 꽤 긴 시간이다. 생각보다 많은 일을 할 수 있고 생각보다 많은 변화가 일어난다. 하나의 생명이 잉태되어 탄생하기까지 그 엄청난 우주적 변화가 일어나는 데 필요한 시간도 1년을 넘지 못한다. 그렇게 탄생한 연약한 아기가 제 두 발로 걷기까지의 시간도 1년 안팎이다.

반대로 우리 인생 전체를 두고 볼 때 1년이라는 시간은 그리 길다고 할 수 없다. 이미 100세 시대라고 하지 않던가. 1년쯤 다소 의미가 약하고 가치가 낮은 일에 투자했다고 해서 돌이킬 수 없는 인생의 낭비였다고 규정해서도 안된다. 1년은 어떻게든 만회가 가능한 시간이다. 분명한 것은 1년이라는 시간을 어딘가에 몰입함으로써 이전과는 달라진 나를 경험할 수 있다면 이는 분명 더 큰 성장의 동력이었음을 부인할 수 없다는 사실이다. 1년! 이것은 길다면 길고 짧다면 또 짧은 시간이다.

아무리 하기 싫은 일도 1년을 지속하면 그 이전보다는 혐오스러움이 덜하다. 매우 힘들고 어려운 일일지라도 그 기간의 지속력이라면 비교적 숙련된다. 1년을 올인하면 내 삶의 격이 확실하게 달라진다. 격이 달라진다는 것은 차원이 달라진다는 것이고, 그 이전보다는 분명 높은 수준에 도달한다는 것을 의미한다.

높아진 차원과 격을 경험한 사람에게는 그것을 유지하고 싶다는 욕구가 생긴다. 학창 시절 학교 수업에 관심이 없던 친구가 갑자기 공부에 매달리더니 어느 날 갑자기 반에서 1등을 하게 되었다. 그런데 신기하게도 그 친구는 그 이후 1등의 자리에서 절대 내려오지 않았다. 누구나 한 번쯤은 들어본 적 있는 사례다.

어디에서든 한 번이라도 1등의 자리에 올라본 경험은 그 자리를 꾸준히 유지하도록 한다. 이런 경험은 그것을 경험한 사람을 근본적으로 변화시키는 놀라운 마력이 있다. 이 사람은 다른 일에도 도전 정신을 발휘하며 자신의 도전을 성공시키기 위해 고군분투한다. 몰입이 습관화되는 것이다.

취업 준비를 할 때도 1년만 몰입해보자. 최소 한 두 단계는 더 올라갈 수 있다. 신입사원이라면 최소 1년은 일을 잘하기 위한 역량을 쌓기 위해 올인해야 한다. 실제 입사 1년이 그 사람의 직장생활을 결정한다고 해도 과언이 아니다. 이는 경력 사원이라고 해도 다르지 않다.

물론 올인하는 동안만큼은 포기해야 할 것들이 많다. 한꺼번에 모든 것을 가질 수 없는 게 인생 아닌가. 지금이야말로 모든 것을 걸어야 할 때이다. 다른 것을 모두 버리고서 말이다. 조용히 앉아서 자신에게 질문해 보자.

나에겐 앞으로의 인생을 걸만한 무언가가 있는가?

있다면, 지금 당장 그 일에 올인하라. 적어도 1년이라는 시간 동안만큼은 그 마음이 변해서는 안 된다. 아직 나 자신을 걸만한 특별한 일을 찾지 못했다면, 내가 알고 있는 성공자들의 습관 중 가장 좋은 것 하나를 모방하도록 하라. 그것에 익숙해지는 것이다.

지금 당장 올인하라. 그 마음 역시 1년은 변함이 없어야 한다. 1년 전을 돌아보았을 때 현재의 모습과 별로 차이가 없다면 지금까지 자신의 모습을 전부 잊어라. 지금 이 순간 당신은 초기 상태로 리세트Reset되는 것이다. 올인하라. 1년 후 당신은 달라져 있을 것이다.

How to ▶
인생의 영순위

모든 것에는 순위가 있다. 그 순위는 상황에 따라 언제든지 바뀔 수 있다. 변화된 상황으로 중요도가 달라지기 때문이다. 하지만 아무리 상황이 바뀌어도 절대로 바뀌지 않는 것이 있다. 일명 '영순위'를 말한다.

1순위는 바뀌어도 영순위는 절대 바뀌지 않는다. 인생 전체에 있어서라면 두말할 나위도 없다. 어떤 상황에서도, 무슨 일이 있어도 반드시 해야 하는, 나에게 가장 중요한 바로 그것. 영순위를 찾도록 하자. 정통한 한 가지란 내 인생의 영순위를 통해 만들어진다.

최선을 다할 수 있는 일이어야 후회가 없다. 시대가 아무리 변했다 해도 무언가에 정통한 사람이 경쟁에서 밀리는 법은 없다. 지금껏 없었고, 앞으로도 없을 것이다.

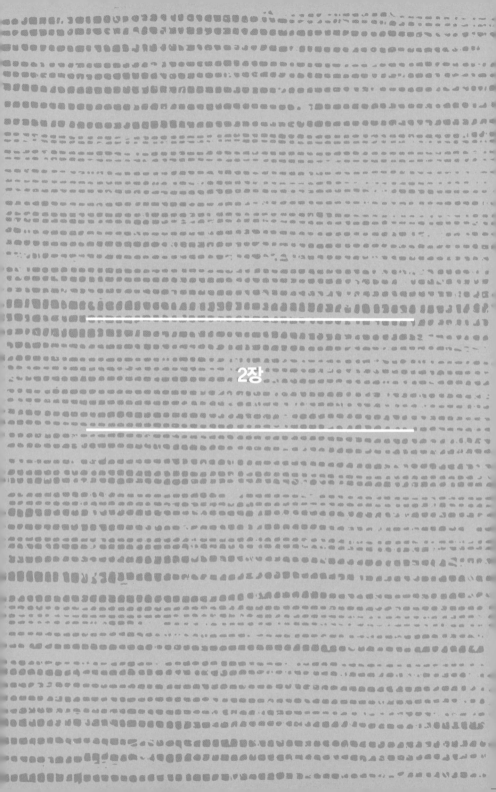

2장

자기 그릇의 크기를 아는 사람이 이긴다

모른다는 것을 아는 것이 가장 좋다.
모른다는 것을 모르는 것은 병이다.

– 노자(老子, 생몰 연도 미상) : 중국 고대의 사상가

지금
내 모습에
만족하는가?

────────────────── 현재 자신의 모습에
만족한다고 자신 있게 그리고 진심으로 말할 수 있는 사람이
라면, 그는 정말 행복한 사람이다. 그는 자신이 원하는 결과를
이미 얻었거나 혹은 그와 유사한 결과가 예상되는 삶을 살고
있을 것이다. 아니면 종교적이며 영성에 의한 삶을 살고 있거
나. 순수한 의미로서의 무소유의 삶을 실천하고 있다고 할까.

어떤 방식이건 세상은 그에게 경의를 표할 것이다. 전자에
게는 성공자를 대하는 선망의 눈길로, 후자에게는 수행자에
대한 경외의 감정으로 말이다. 출발선이 어디였든지 그들은
모두 힘들게 그 자리까지 간 것임을 알기 때문이다.

나는 지금 무언가를 하고 있다

나는 유복하지 못한 환경에서 나고 자랐다. 초등학교를 졸업한 뒤 중학교를 진학할 형편이 못 되어 2년을 쉬어야 했다. 당시 우리 집은 조그만 구멍가게를 하고 있었는데, 형하고 둘이 번갈아 가며 가게를 지켜야 했다. 연탄 배달을 하기도 했다. 아직 나이가 어려 혼자서는 리어카를 끌지 못했으므로 뒤에서 밀어주는 역할을 하며 언덕을 오르곤 했다.

불광동 어디 언덕 위에 있는 집으로 배달을 하러 갔을 때의 일이다. 주인 아저씨께서는 계산해야 하니 빈 리어카를 끌고 먼저 내려가라는 것이었다. 언덕길을 내려올 때는 리어카를 뒤에서 잡아당기면서 내려와야 하는데 미처 그걸 생각지 못했다. 올라갈 때처럼 앞에서 끌고 내려간 것이다. 내려오는데 점점 가속도가 붙었다. 도저히 어린 내 힘으론 감당할 수 없는 지경에 이르렀다. 결국 앞으로 고꾸라졌고 넘어진 다리 위를 리어카가 타고 넘었다. 다리가 부러졌다. 너무 아팠지만 실컷 울지도 못했다.

이런 우여곡절을 겪으며 그렇게도 가고 싶던 중학교에 입학했다. 그 무렵 우리가 살던 무허가 판잣집을 허는 조건으로 성남시에 마련된 철거민촌에 들어갈 수 있는 딱지를 한 장 받았는데, 그걸 팔아서 중학교 입학금을 마련했다. 중학교에 들어

가서는 고등학교 2학년까지 하루도 빠지지 않고 신문 배달을 했다. 대학 진학은 애당초 꿈도 꿀 수 없었기 때문에 일찌감치 실업계 고등학교로 방향을 잡았다. 그 시절 내 머릿속에는 이런 생각이 떠나지 않았다. '어떤 직업을 갖더라도 최소한 대학 공부는 하고 싶다.' 이를 악물고 공부했다. 뒤늦게 입시 공부를 시작해서 간신히 전자공학과에 들어갔다.

가끔 돌아가신 할머니가 보고 싶을 때가 있다. 할머니는 연탄 배달을 하다 다리가 부러진 손주를 보시며 측은해하셨다. 그 속을 나는 안다. 아니 나만 알 수 있다.

요즘 아이들은 병원에 가는 걸 그렇게 싫어하던데, 나는 당시 병원에 입원해 있던 몇 달이 정말 행복했었다. 유년기를 돌이켰을 때 그보다 행복했던 적이 있었던가 싶을 정도다. 깨끗한 침대에 환자복을 입고 가만히 누워 있으면 끼니때마다 밥도 가져다주고 편한 잠자리까지 제공해주었으니 그렇게 좋을 수가 없었던 것이다.

어렸지만 그때 이후로 늘 이런 질문을 하며 산다.

'오늘의 내 모습에 만족하는가?'

많은 사람이 자기 자신의 현재 모습에 만족하지 못한다. 자신의 현재 모습이 만족스럽지 않다고 해서 그 사람이 불행하다는 의미는 아니다. 때로는 그 불만족이 삶을 더 나은 방향으로 이끄는 발전과 변화의 원동력이 되기도 하니까. 나의 어린 시절처럼 말이다.

지금 내 모습이 만족스럽지 않다면, 그 이유는 무엇일까. 이런 질문을 받은 사람들 다수는 주로 이런 대답을 한다.

"내가 정말 원하는 삶이 아니라서." 그렇다면 질문을 바꿔보자. 당신이 정말 원하는 삶은 무엇인가? 사실 이런 부류의 질문이 대답하기 가장 곤란하다. 어쩐지 정답이 아닐 거 같고, 은근히 속을 들킬 것 같은 자격지심까지 생긴다.

'원하는 삶'에 대해 이야기할 때 사람들은 '안정적'이라는 단어를 사용한다. 우선은 '안정적인 직업'을 가져야 하며 다음으로 '안정적인 주거' 환경을 마련해야 한다. 맞다. 우리는 안정적인 삶을 위해 노력한다.

지금 우리는 이런 과제를 가장 절실히 해결해야 하는 시대에 와 있다. 자원도 마땅치 않은 좁은 나라에서 정말 우리는 열심히 해야 한다. 학생이라면 공부를 열심히 해야 하고, 좋은 성적을 거두어 좋은 학교에 진학해야 한다. 취업준비생이라면 대기업이나 공기업 취직을 생각하며, 이미 직장에 다니고 있더라도 더 나은 곳으로의 이직을 희망할 것이다. 흔히 '철밥통'이라 여겨지는 공무원이 된다면, 그것도 고급 공무원이 된다면 더할 나위 없는 거 아닌가.

부모로부터 물려받을 재산이 어느 정도 있다면 미래가 조금 더 빨리 안정될 테지만, 그렇지 않다면 당분간은 남들보다 더 노력해야 한다. 우리가 원하는 안정적인 삶을 위해서는 말이다.

취업난과 주택난이 심각한 한국 사회에서는 최소한의 생계라도 안정되어야 비로소 삶의 질을 논할 수 있는 것 아니냐는 말도 맞다.

그렇다면 이런 질문은 어떤가. 우리가 원하는 삶이 곧 안정적인 삶이고 이를 위해 좋은 대학을 나와야 하고 대기업이나 공기업에 취직해야 하는 것이라면, 좋은 대학을 나오지 못하고 대기업이나 공기업에 취직하지 못한 대다수 사람은 모두 자신이 원하는 삶을 살 수 없는 것인가? 그리고 자신이 원하는 삶을 살 수 없는 그 대다수 사람은 모두 자신의 모습에 불만족을 느껴야 하는가?

나 역시 오늘의 내 모습, 즉 결과로서의 내 삶에 100% 만족하는 것은 아니다. 다만 현재의 모습을 갖기까지 살아온 내 인생의 여정이 부끄럽지 않은 것이다. 최소한 용돈이라도 벌어서 쓸 수 있었기에 신문 배달을 하면서 즐거웠고, 학비를 벌 수 있었기에 추운 겨울밤 찹쌀떡을 팔면서도 행복했다. 당시 나에겐 미래가 있었고, 그 미래는 현재의 내 모습이 되었다.

어떤 기억은 참 오래 남는다. 그것도 두뇌가 아니라 몸의 어느 구석에 남아 일부가 된다. 이른 새벽 신문 배달을 위해 잠에서 깨어야 했을 때의 느낌과 어느 동네인지도 분간할 수 없는 골목 빙판길을 떡보따리를 지고 걸을 때의 느낌, 그 눈 내리던

밤의 충만했던 기분을 나는 아직 기억하고 있다.

사람은 지금 당장 완전하기 때문에 만족감을 느끼는 게 아니다. 내가 지금 무언가를 하고 있고, 그것이 언젠가 나의 미래를 위한 주춧돌임을 직감하기에 만족하는 것이다.

또래들이 따뜻한 이불 속에 있을 시간이지만 신문을 돌려가며 푼돈이나마 벌 수 있었기에 우리 집 형편으로는 꿈도 꿀 수 없는 좋은 학용품도 가질 수 있었다. 온갖 아르바이트를 해가며 학비를 보탰고, 용돈과 책값을 벌어가며 대학을 졸업했다.

소박하나마 내가 생각하는 만족은 이런 것이다. 나는 언제나 미래를 위해 오늘 노력하는 내 모습에 만족했고, 그 결과 원하는 방향으로 하나밖에 없는 나의 인생을 끌고 갈 수 있었다.

아마 앞으로도 그럴 것이다. 사는 게 단 한 번도 쉬운 일이라 생각한 적은 없지만, 그것 때문에 절망하거나 좌절하지 않을 것이라는 믿음은 변하지 않았다. 어찌 보면 그 믿음이 바로 나다. 그래서 늘 감사의 마음을 잊지 않는다.

How to ▶
사소한 습관으로 내 안에 숨은 의욕과 추진력 깨우기

목적지를 두고 혼자 걸어가야 할 때 나는 의식적으로 앞사람을 추월하려고 노력한다. 자연히 걸음의 속도가 빨라진다. 빠른 걸음으로 한 사람

두 사람 추월하다 보면 왠지 모르게 기분이 좋아진다. 물론 생면부지의 누군가를 앞서 걷는다고 해서 내가 그 사람보다 뛰어난 존재라고 생각하는 것은 아니다. 누군가를 앞선다는 기분 좋은 느낌이 중요하다. 그런 느낌이 내면 깊숙한 곳에 숨어 있던 의욕과 추진력을 흔들어 깨우기 때문이다.

빠른 시간 안에 결과를 경험하고 그 경험을 성취감으로 이어질 수 있게 하려면 아주 사소한 것에서부터 몸에 익히는 게 좋다. 일상의 사소한 습관들이 주는 힘은 의외로 크다.

그릇 크기 만큼 담는다

평소 주방에 자주 들어가는 편이 아니지만 간혹 그릇장을 들여다볼 때가 있다. 그때마다 어찌나 많은 종류의 그릇이 있는지, 이 많은 그릇을 과연 다 쓰긴 쓰는 건지 의심스러웠던 적이 한두 번이 아니다. 사실 그것들이 전부 사용되는 것을 나는 단연코 본 적이 없다. 그 많은 그릇 더미 속에서 정작 찾으려던 접시 하나를 못 찾고 무슨 그릇이 이렇게 많냐고 투덜대는 나에게 아내는 '일 년에 한 번을 쓰더라도 꼭 필요한 것들'이라며 면박 주곤 했다.

듣고 보니 맞는 말이었다. 1년에 한 번 김장을 담글 때나 장을 담글 때 쓰는 큰 함지박도 있긴 있어야 했다. 1년에 두 번

명절 때나 등장하는 큰 접시도 없으면 옹색할 것이다. 그러고 보니 그릇의 용도는 대부분 크기에 따라 그리고 재질에 따라 달라지는 것 같았다. 물론 모양도 조금씩 다르긴 하지만 그래 봤자 결국 움푹한 깊이의 차이 말고는 없으니, 이 역시 크기의 범주에 속하는 게 아닌가.

사람도 마찬가지라는 생각이다. 사람도 그 크기가 각기 다르며 서로 다른 크기에 따라 쓰임도 달라진다.

여기에 재질이라는 특기가 더해지면 더욱 특별한 용도가 생기게 마련이다.

혹시 당신은 자신의 그릇이 어느 정도 크기인지 정확히 알고 있는가? 그릇의 크기를 알아야 그것의 쓰임도 알 수 있을 텐데 말이다. 성공이든 실패든 결국 그 그릇의 크기만큼 담는다.

정신일도 하사불성精神一到 何事不成이라고 무슨 일에든 집중과 노력만 한 게 없다는 말에는 반론의 여지가 없다. 그만큼 집중과 노력은 두 말이 필요 없는 것이다.

하지만 아무리 집중하고 노력해도 안 되는 일이 있다. 인정하고 싶지 않겠지만 사실이다. 후천적인 노력으로는 도무지 줄일 수 없는 차이가 분명 존재한다. 물론 '할 수 있다'는 긍정적인 태도만큼은 인정해 줄 만하다.

그러나 사회는, 적어도 기업에서는 결과를 위주로 구성원을 판단하게 되어 있으므로 긍정적이고 적극적인 자세만으로는 안되는 게 있다. 그 이전에 개인마다 가지고 있는 그릇은 어느 정도 크기이며 어떤 용도에 맞는가를 파악해야 한다.

'정신일도'보다 '지피지기'를

'정신일도 하사불성'보다 현대 사회에 더욱 필요한 것은 어쩌면 '지피지기 백전백승知彼知己 百戰百勝'아닐까. 사실 자신에 대해 가장 잘 아는 사람은 자기 자신이다. 반면 자신에 대해 가장 오해할 수 있는 사람 또한 자기 자신이다.

동전의 양면처럼 서로 다른 쪽을 향하고 있는 이 두 가지 명제는 아이러니하게도 모두 참이다. 내가 나를 바라보기 때문에 그 누구보다 잘 볼 수 있는 것이 있지만 내가 나를 보고 있기 때문에 절대 보이지 않는 면도 있다.

간혹 대학 교수들이 현장으로 자리를 옮겨 벤처기업을 창업하곤 한다. 물론 전공 분야를 체계적이고 이론적으로 공부한 사람이 자신의 전공을 살려 회사를 설립하는 경우 개인으로 보나 사회적으로 보나 상당한 플러스 요인이 있다는 것에 동감한다.

실제로 벤처업계에서는 이런 유형에 해당하는 성공 사례를 심심찮게 찾아볼 수도 있다. 그러나 성공한 기업인보다 실패한 사례가 더 많다는 사실을 망각해서는 안 된다.

눈여겨보아야 할 것은, 성공의 미담이 아니라 그보다 훨씬 많은 실패한 사례들이다. 실패했다고 하지만 기초 기술에 대한 기반이 약한 우리나라에서 그들은 그나마 실력과 의욕을 겸비한 인재였다. 장기적으로 대학에 남아서 기술의 깊이를 다지는 데 주력하는 편이 현장에 투입되어 응용에 집착하는 것보다 훨씬 바람직했다고 볼 수 있다. 이런 비화가 주변을 통해 들려올 땐 정말 안타깝다. 아까운 인재가 순식간에 사장되어 버렸다는 건 국가적으로도 그만큼 손해 아닌가.

그릇에 비유해 개인을 설명하다 보니 딴지를 건다거나 혹은 비약한다는 오해를 불러올 수 있지만, 이건 미래를 향해 함께 나아가는 한 사람의 기업인으로서 그리고 같은 사회의 구성원으로서 충심으로 하는 말이다.

기술자는 기술 연구에 시간과 노력을 투자하면 되지만 사업가로 변신하는 순간 인력 관리, 업무 관리, 세무 관리, 나아가 주변의 모든 인간관계 관리까지, 지금껏 해온 것과 전혀 다른 성격의 업무에 매달려야 한다.

이처럼 자신의 그릇이 어떻게 생겼는지, 그 크기는 얼마나 되는지 알았더라면 생기지 않았을 문제들을 많이 본다. 먼저 내 그릇을 알고, 그 다음 '몰입'이라는 음식을 담아야 한다.

본인의 개성과 성향을 파악하고 난 다음 전략적으로 몰입해야 성공할 수 있기 때문이다. 다시 강조하지만 '정신일도'보다 '지피지기'가 우선이다. '지피지기'를 한 후에 '정신일도'한 다면 분명 '백전백승'일 것이다.

내
목소리
들어봤니?

—————————————— 나의 목소리라도 내 귀를 통해 듣는 것과 다른 사람에게 들리는 것은 상당히 다르다고 한다. 녹음해서 들어보면 평소 생각하고 있던 나의 목소리와는 영 다르게 느껴지는데, 이때 녹음기에서 나오는 소리는 내 귀보다 다른 사람의 귀로 인지하는 소리에 더 가깝다. 똑같이 내 목소리지만 내 귀와 다른 사람의 귀에 각각 다르게 들리는 이유는 소리가 전달되는 경로가 서로 다르기 때문이란다.

일반적으로 소리는 공기의 진동을 통해 고막을 울리고 내이 內耳로 전달된다고 알려져 있다. 자신의 목소리가 다른 사람의 귀로 전달되는 경로도 이와 같다.

그런데 자신의 목소리는 두 가지 경로로 전달된다. 하나는 다른 사람의 귀로 전달되듯 입 밖으로 나간 소리가 다시 공기의 진동을 통해 자신의 귀로 전달되는 경로이며, 다른 하나는 자신의 성대를 울리며 생성된 소리가 뼈와 근육을 통해 내이로 직접 전달된 경우다. 즉, 자신의 머릿속을 돌아 내이로 바로 전달되었음을 의미한다.

후자의 경로를 통해 소리가 전달될 경우, 동굴 안에서 듣는 것과 비슷한 효과가 있어 소리가 좀 더 묵직하면서 안정적으로 들린다. 그래서 내 귀로 듣는 나의 목소리가 다른 사람의 귀에 들리는 나의 목소리보다 훨씬 더 좋다고 느끼는 것이다. 대개 녹음된 자신의 목소리를 들어볼 기회가 별로 없을 테지만 어쩌다 한 번쯤이라도 듣게 된다면 십중팔구는 소스라치게 된다. 알고 있던 자신의 목소리와는 달라도 너무 다를뿐더러 평소 생각했던 것보다 훨씬 더 좋지 않기 때문이다.

내 목소리를 내가 몰라

그렇다면 어느 쪽이 진짜 나의 목소리일까? 굳이 따지면 다른 사람들에게 들리는 것이 실제 나의 목소리라고 해야 마땅하다. 당연하게도, 내 귀에 들리는 나의 목소리를 들을 수 있는 사람은 나 자신밖에 없기 때문이다. 다른 사람의 귀에도 내 귀에 들리는 소리처럼 들리게 할 방법은 없다. 그런데도 많은 사람이 녹음된 나의 목소리, 즉 다른 사람 귀에 들리는 실제 나의 목소리를 듣는 것이 몹시 낯설다고 말한다. 들을 때마다 낯설고 아무리 들어도 도무지 익숙해지지 않는다고들 한다. 실제 나의 목소리가 그럴지라도 내가 소리를 낼 때마다 일상적으로 내 귀에 들리던 나의 목소리와 다르니 어쩔 수 없는 일이다.

실체를 알게 되면 괴로운 것이 자신의 목소리만이 아니다. 자기 그릇의 크기를 알게 되는 것만큼 괴로운 일도 없다. 내 귀에 들리는 나의 목소리가 실제 나의 목소리보다 얼마쯤은 더 좋게 들리듯 사람들은 자기 그릇 또한 실제보다 크게 생각하는 경향이 있다. 강점은 어떻게든 부각하며 강조하고 싶지만, 단점은 애써 외면하려는 심리상태라 여겨진다. 누구나 다른 사람들 눈에 자기 자신이 긍정적으로 비치길 바라는 법이니까.

화장을 하거나, 헤어스타일을 정돈하고, 체형의 단점을 보완하는 옷을 골라 입는 것 등 매우 일상적인 행위 속에서도 이는 쉽게 발견된다. 잘 어울리는 옷이란 외부에 노출되었을 때 자신의 강점을 최대한 드러내고 단점을 최소화시키려는 전략의 산물 아닌가.

직접 만드는 자기 평가 항목

자신의 모습을 영상에 담아 보도록 하자. 아주 조금이라도 기대는 금물이다. 반드시 실망하게 될 테니까. 영상 속 내 모습은 녹음된 내 목소리만큼이나 낯설고 어색하다. 대다수는 부끄러운 수준이다. 평소 의식하지 못한 습관이나 나쁜 태도가 눈에 띄고, 화면 속의 모습을 보는 게 편하지 않다. 하지만 불편하더라도 반복적으로 할 필요가 있다. 반복적으로 하다 보면 목소리와 달리 습관과 태도는 고칠 수 있다. 물론 개인에 따라 다소 차이가 있으며, 바뀐 습관과 태도를 유지하려면 또 다른 노력이 필요하겠지만 말이다.

평가를 하는 데에 있어서 중요한 한 가지는 평가 항목이다. 자신과 일정한 거리를 두고 냉정한 시선으로 바라봐야 한다는 것이 평가의 기준이라면, 어떤 부분을 중점적으로 볼 것인가는 평가 항목에 해당한다.

평가 항목을 스스로 만들어 보는 것도 자기 평가에 도움이 된다. 밑도 끝도 없이 '나는 ○○○하다'라고 판단할 것이 아니라 이 세상이 요구하는 기준에 따라 평가 항목을 만들고 그 항목에 대한 나의 점수를 매겨보는 것이다. 평가 항목을 만들다 보면 그것이 생각보다 어려운 일이라는 사실에 놀라게 된다. 세상이 나에게 요구하는 것이 무엇인지도 모른 채 살아가는 경우가 많기 때문이다. 세상이 요구하는 것을 제대로 파악해야만 나를 세상의 기준에 맞출 수 있는 노릇 아닌가. 평가 항목을 만들어 보는 것은 여러모로 매우 의미 있는 일이다.

평가란 평가받은 자의 수준을 개선하기 위한 하나의 방편이다. 평가를 통해 더 발전적인 모습으로 진화해갈 것이 아니라면 평가 그 자체로는 아무런 의미가 없다. 자기 평가의 생활화를 통해 우리가 추구하는 목표 또한 새롭게 느껴질 것이다. 목표란 하루하루 발전하고 나아지는데 의의가 있다. 경우에 따라선 타인과의 비교도 필요하다. 그 비교가 나와 다른 사람의 차이를 인식하도록 하는 기회를 제공하기 때문이다.

대체로
자기
그릇은
과장한다

──────────────── 우연히 예전 동료들을 만나 대화하던 중 그 당시 내가 '성실하고 노력하는 사람'으로 불렸다는 것을 알게 되었다. 기획 담당으로 오래 일했기 때문에 나 자신은 나의 이미지를 '기획통'이라 인식하고 있었는데 예상외였다. 평범하게 기억되는 게 의아했고 내심 섭섭하기도 했다.

본인이 생각하는 자신의 모습과 타인에게 비친 자신의 모습엔 상당한 차이가 있다. 그러므로 우선적으로 이것부터 고민해야 한다. 나는 누구인가? 나는 이것을 어떻게 알 수 있는가?

키가 크다거나, 얼굴이 예쁘다거나, 일을 잘한다거나 하는건 다른 사람과의 비교에 의해 평가된 것이다. 또한 '이렇게 보였으면 좋겠다'라는 생각에서 자신의 모습을 거기에 맞추곤 하는데, 이건 진정한 자신의 모습이 아니라 내적인 욕구에 의해 표출된 자기합리화에 지나지 않는다.

웬만해선 우리는 자신을 제대로 알 수 없다. 결국 타인이라는 거울을 통해 상대적으로만 바라볼 수 있을 뿐. 이 또한 인간으로서의 비애라고 해야 하나.

회사에서 취업지원교육을 받은 구직자에게 가장 인상적이었던 부분을 물은 적이 있다. 자신이 면접 보는 상황을 녹화한 동영상을 보더니 충격을 받은 듯한 반응이었다. 모의 면접을 보는데, 다른 사람들은 왜 저렇게 세련되지 못하고 대답도 제대로 못 하는 건지 답답했다고 한다. 그런데 정작 본인의 영상을 보더니 얼굴이 붉어지기 시작했다. 자신이 말을 저렇게 빨리했었나, 시선은 왜 저렇게 불안한지 모르겠다 등 앞서 보았던 다른 사람들보다 훨씬 어색하고 실수가 많았던 점을 확인하더니 쥐구멍이라고 찾고 싶더라는 것이었다.

멘토링 프로그램에서 있었던 일이다. 학생들에게 제비뽑기로 한 학생을 선정하게 하고는 그 학생의 특성을 파악하여 발표시켜 보았다. 이 과정에서 아주 재미있는 현상이 발견되었다. 선정된 학생에 대한 발표가 진행되는 동안이었다. 다른 학생들은 한두 가지의 특징만을 듣고도 그 학생이 누군지 쉽게 알아차리고 모든 시선을 해당 학생에게 집중시키는 반면 정작 본인은 가장 늦게야 자신에 관한 이야기란 걸 깨닫는 것이었다. 유사한 프로그램을 반복한 결과 학생들은 점점 내가 생각하는 나의 모습과 타인이 생각하는 나의 모습에 차이가 있음을 알게 되었고, 조금씩 주변 사람들에게 비친 자신의 모습을 받아들이고 개선하려는 의지를 보이기 시작했다.

나만 잘하면 된다고?

인간인 이상 자신의 민낯을 드러낼 리도 없고, 자신의 감추고 싶은 민낯을 애써 발견하려고도 하지 않는다. 그러나 자신이 누군지는 알아야 한다. 자신을 알기 위해서 모습이나 목소리를 직접 확인하는 것도 좋지만, 무엇보다 다면화된 평가방식을 이용하는 것이 바람직하다. 회사 내에서 동료들이나 상사의 평판에 귀를 기울여 보라. 스트레스를 받을 정도로 남의 말에 신경을 쓰라는 말이 아니다. '나만 잘하면 된다' 라는 고집스러운 생각을 유연하게 바꾸라는 말이다. 주변의 충고를 가볍게 여겨서는 안 된다.

일반적으로 상사로부터의 조언은, 더구나 그것이 업무에 관련된 조언이라면 더 말할 것도 없다. 몇 차례에 걸쳐 주목한 뒤에야 나온 것임을 직시해야 한다. 반복하지만 아무리 목표가 명확하더라도 자신을 정확히 파악하지 못한다면 그건 결국 무용지물이다.

극복의 대상은 '어제의 내 모습'이다. 그런데도 많은 사람이 자신의 역량과 능력에 대해선 잘 알지도 못할뿐더러 알려고 하지도 않는다. 자신을 객관적으로 보는 눈부터 기르는 게 우선이다.

다시 자세히 언급하겠지만 이런 방법도 있다. 프레젠테이션을 할 때 주변 동료들에게 자신의 모습을 촬영해 달라고 부탁하는 것이다. 요즘은 스마트폰이 일반화되어 있어서 도구로 사용할 만한 것들이 많다.

시간이 날 때마다 동영상을 관찰하며 자신의 보완점을 찾는 것이다. 이 방법은 대학생을 대상으로 하는 멘토링 프로그램에서 실제로 사용된다. 영상을 보면 타인에게는 보이지만 본인은 전혀 느낄 수 없었던 말투나 행동의 나쁜 습관 등을 발견하게 된다.

다른 사람의 의견을 듣는 것도 중요하다. 처음엔 어색하고 부끄러울 테지만 훈련이라 생각하고 계속하다 보면 단점을 개선하는 데 상당한 도움이 된다.

자신의 그릇은 그 크기나 깊이가 자기 자신에 의해서 가공될 수밖에 없다. 핵가족화되고 나 홀로 가정이 확산되는 사회일수록 더욱 심각해지는 현상이다. 웃어른들과의 교감 속에서 그들의 충고나 야단을 진심으로 받아들이며 자란 세대보다 거울 속의 자신에게만 마음을 열고 스마트폰에 집중하며 SNS 대화를 위주로 성장한 세대일수록 심할 것으로 예상된다.

물론 반대로 자기 그릇의 크기를 실제보다 작게 생각하는 사람들도 있다. 이들은 자기 능력과 역량을 충분히 발휘하지 못하며 위축된 삶을 살아간다. 충분히 잘할 수 있는 능력과 역량을 지녔음에도 지레 포기해버린다.

자기 그릇의 크기를 실제보다 크게 생각하는 사람이나 실제보다 작게 생각하는 사람이나 모두 자신의 능력을 제대로 발휘하기 힘들다는 점에서는 마찬가지다.

오늘의
내 모습이
내일의
나를
결정한다

──────────────── 자기 자신을 아는 것은 매우 중 요하다. 자기 자신을 아는 것이 얼마나 중요했으면 고대 그리 스 사람들은 아폴론 신전神殿의 현관 기둥에까지 '너 자신을 알라Gnōthiseauton!'고 새겨 두었을까. 어디 그뿐인가. 우리가 익히 알고 있듯 수많은 고대 철학자들이 소크라테스의 이 말 을 앞다퉈 인용했으며, 현대에 이르기까지 인류의 모든 철학 적 행위는 궁극적으로 나 자신을 알기 위한, 나를 제대로 알기 위한 단 하나의 목적을 지향한다.

자기 자신을 안다는 것! 인류 역사를 통해 끊임없이 반복되 며 강조되고 있음에도 불구하고, 아직도 해결되지 않은 과제로 남아 있다는 것은 그것이 그만큼 쉽지 않은 일이라는 의미일 것이다. 열 길 물속은 알아도 한 길 사람 속은 알기가 어렵다는데 그 한 길 사람 속이 제 속이라면 한층 더 어려운 일이 되고 만다.

그 어려운 일을 하기 위해서는 조금 특별한 노력이 필요하다. 다른 사람들의 귀에 들리는 실제 나의 목소리를 알기 위해 목소리를 녹음해서 들어보듯 내가 모르는 나의 모습을 보기 위해서는 자신을 객관화시키려는 다양한 시도와 노력이 필요하다. 물론 그 객관화라는 것이 말처럼 간단한 일은 아니다.

'무엇을' 보다는 '어떻게' 이다

문제는 어려움보다 두려움에 있다. 자기 자신을 안다는 것은 어렵기도 하거니와 분명 두려운 일이다. 나의 진짜 모습을 본다는 것은 결국 내 실체인 깜깜한 어둠 그 밑바닥으로 작은 불빛 하나만을 의지해 들어가는 것이나 마찬가지니까. 그만큼 솔직해지는 것이며 그만큼 책임을 져야 하는 것이니까.

만족스럽지 못한 요인을 현재나 과거가 아닌 미래에서 찾으려는 사람들이 많다. 특히 한국 사회에서는 의외로 많은 사람이 지금 자신의 모습에 만족하지 못하는 요인 중 하나로 불확실한 미래를 꿈는다. 미래가 불안한 것이다. 아니 그렇게 믿고 싶은 건지도 모르겠다. '미래에는 안정적인 삶을'이라는 캐치프레이즈까지는 이해하겠는데, 이게 정도가 심해도 너무 심하다는 생각이 들 때가 있다.

전에 출간한 『졸업 전에 취업하라』에도 소개한 내용이다. 서울대학교 금속공학과를 졸업해서 같은 학교 대학원에서 박사학위까지 취득한 29세의 전도유망한 청년이 있었다. 전공 분야 역시 산업계에서 절실히 필요로 하는 첨단 기술의 영역에 속했으므로, 이 청년은 당시 여러 가지 선택을 할 수 있었다. 굴지의 대기업으로 갈 수도 있었고, 대학에 남아 학자의 길을 걸을 수도 있었다. 대형 연구소에서 그에게 관심을 보이고 있었다는 것쯤은 당연했다.

그런데 이 청년은 파격적인 선택을 했다. 중소 전자 부품 회사에 입사한 것이다. 기가 막힌 나머지 가족이나 친지들은 극구 이 청년의 결단을 말렸다. 누구도 이해할 수 없는 정말 어처구니없는 판단이 아닌가. 주변인들은 자존심 때문에건 능력에 맞지 않는 여건 때문에건 얼마 다니지 못할 것으로 예상했다. 그러나 그건 예상에 불과했다. 입사한 중소기업에서 10년을 근무하는 동안 자신의 주특기인 기술 분야뿐 아니라 인사, 재무, 마케팅 등 여러 분야의 업무를 경험했다.

제한된 업무만 담당해야 하는 대기업에서는 상상도 할 수 없는 일들을 체계적으로 학습했고, 여기서 터득한 경영 감각을 바탕으로 청년은 자신이 계획한 바대로 회사를 창업했다. 물론 이때의 경험치는 세계적인 기술력을 갖춘 기업으로 성장하는 데 값진 밑거름이 되었다.

안정적인 삶을 갈망하는 것은 분명 인간의 본능적 욕구이다. 그러나 변화와 도전의 욕구 또한 인간 본능과 직결된다. 욕망의 차원에서 보면 인간은 언제나 만족을 모르는 동물이었다. 끊임없이 만족을 추구하지만 늘 어딘가 허전한 구석이 있는 것이다. 그 불만족스러운 상태가 새로운 도전의 의지를 불러일으켰고, 그 불굴의 의지로 변화와 발전을 거듭해온 것이 바로 인간의 역사다.

이런 의미에서 안정적인 삶이란 애초에 없는 건지도 모른다. 적어도 인간에게는 말이다. 안정되는 순간 또다시 결핍을 느끼고 새로운 대륙으로 항해를 거듭하는 것이 인간이지 않던가. 충분히 포식을 하면 더 이상 욕심을 부리지 않는 동물과는 달리 인간은 늘 무언가를 찾아 헤맨다. 그것을 딱히 어떤 이론으로 포장하기는 어렵지만, 포만감 속에서도 불안정과 결핍을 느끼게 하는 요소가 인간의 유전자 어딘가에는 있는 것이다.

앞에서 소개한 청년은 자신의 능력에 비해 직장을 낮추어 선택한 게 아니라 자신이 가장 잘 할 수 있는 일을 찾아 나섰다고 보는 게 옳다. 우리는 늘 '어디서', '무엇을', '어떻게' 한다.

이게 삶의 외형적인 모습이다. 이것을 직장 생활에 비유하자면 회사(어디서), 일(무엇을), 방법(어떻게)이 될 것이다. 우리는 늘 어느 회사에서 무슨 일을 하느냐에 목을 맨다. 여기서 첫 번째 실수를 범하는 게 아닌가 싶다.

강조하지만, 우리가 다니는 회사가 '어디'인가와 우리가 하는 일이 '무엇'인가는 그다지 중요하지 않다. 현대 사회가 가장 중요시하는 사항은 주어진 일을 '어떻게' 하느냐이다. 이게 바로 차별성으로 이어지는 관건이다.

판사나 검사가 좋아 보이고, 의사가 멋있어 보인다. 대기업에 다니며 인정받는 게 부럽다. 그러나 주안점은 현재의 처지에 당면한 일을 '어떻게' 할 것인가이다. 지금까지는 어쩔 수 없었다고 해도 지금부터의 운명마저 나락으로 떨어뜨릴 수는 없다. 돌이켜보건대 현재 나의 모습이나 위치도 과거의 '어떻게'를 등한시했기에 만들어진 결과다. 일단 이것부터 인정하자. 그리고 고개를 들어 현실을 확인하자. 어떤 회사에서든 능력에 따른 차이를 둘 수밖에 없다. 여기에서마저 뒤처질 수는 없지 않은가. 시작이 늦은 데다 차별성까지 없다면 영원히 낙오된다는 건 너무도 당연한 이치다.

미래를 예측한다는 것 자체가 불가능한 시대다. 그만큼 세상은 격변한다. 마찬가지로 현재를 바꾸지 않고도 미래가 바뀔 것이라는 막연한 위안은 위험하다. 그 막연한 위안을 은신

처로 삼는다고 해서 해결될 일은 없다. 여러 경전과 많은 선지자가 언급하고 실천해 보였듯 명백한 진리는 오늘의 내 모습이 내일을 결정한다는 것이다. 오지도 않은 미래에 현재의 절망을 위탁하는 건 위안받을 수 있는 일도 아니다. 오죽 답답했으랴만 이젠 솔직히 말해야겠다. 그것은 망상이며 핑계다.

이렇게 결론 내릴 수 있겠다. 만족스럽지 못한 현재의 원인을 아직 도래하지도 않은 미래에서 찾는 일은 어리석은 위안에 지나지 않는다.

나는 _____ 했어야 했다?

——————————— 옛날로 돌아가 보자. 학창 시절 배웠던 구문이다. 'should have pp~'. ~했었어야 했는데 (그렇게 하지) 못했다. 후회와 유감의 분위기를 물씬 풍기는 문장이다. 우리는 살아오는 동안 수많은 선택을 했고, 그 선택에 따른 행동을 했다. 그 선택과 행동의 결과가 바로 오늘의 내 모습이다. 따라서 오늘의 내 모습이 만족스럽지 않다는 건 과거 내가 한 선택과 행동을 후회한다는 의미와 다르지 않다. 할 수만 있다면 시간을 돌이켜서라도 돌아가고 싶은 것이다.

간혹 지난 과거에 집착하다 못해 아예 병적인 사람들을 만난다. 그들은 늘 이런다. '해외 어학연수를 다녀왔었어야 했는데', '좀 더 다양한 스펙을 쌓았어야 했는데' 혹은 '재수나 삼수를 해서라도 좀 더 좋은 대학에 입학했어야 했는데'… (그렇게 하지 못했노라!). 묻고 싶다. 혹시 지금 반성이라도 하는 중이냐고? 이런 방식의 후회나 유감은 반성이라고 할 만한 게 못된다. 반성이란 무작정 과거를 들춰내어 끊임없이 자신을 괴롭히는 게 아니다.

그들의 생각이 틀린 건 아니다. 그것이 무엇이건 과거에 내린 선택과 결정이 오늘을 창조한 것임은 부정할 수 없으니까. 그렇다고 전적으로 맞다고 할 수도 없다. 그들의 추측대로 그때 다른 선택을 했고 선택한 만큼 노력을 기울였더라면 분명 현재는 달라져 있을 테니까 말이다. 눈으로 보기에 정말 미세한 차이였더라도 시간이라는 터널을 통과하게 되면 그 모습은 판이할 수밖에 없다. 그렇게 했더라면 분명 오늘은 훨씬 더 나은 상황일 것이다.

그런데 과거의 선택과 행동이 현재의 모습을 만들었다고 하니까 아예 한 수를 더 뜬다. '그때 해외로 어학연수를 다녀오지 않아서 날 원하는 일자리가 없잖아!', '다양한 스펙을 쌓을 수 없었기 때문에 좋은 직장을 얻을 수 없어!' 혹은 '좋은 대학 출신이 아니어서 지금 힘들게 사는 거야!' 이쯤 되면 병도 아주 중증이다. 어째서 이렇게 집요한 건지, 아예 자기 자신을 들들 볶는다.

그렇다면 다시 한번 생각해보자. 현재의 모습을 불만족스럽게 하는 원인이 단지 과거의 잘못된 선택과 행동에만 있을까? 당시의 여건으로나 본인이 가진 그릇의 크기로는 그럴 수밖에 없는 상황이었던 건 아닐까?

어쩌면 이 말이 운명론으로 들릴 수도 있겠다. 하지만 이런 질문은 중요하다. 무엇보다 '그때 내가 다른 선택을 했더라면'이란 가정은 현실을 부정하려는 심리를 충동하기 때문이다. 만일 다른 선택과 행동이 원천적으로 불가능했기 때문이라면 현실을 수긍하고 받아들일 수 있을까? 대답하는 데 머뭇거릴지 모르나, 냉정히 말하면 분명히 그렇지도 않다. 여전히 불만을 가질 것이다. 다른 선택과 행동이 원천적으로 불가능했던 것도 본인에게 있다는 생각을 하기 전에는 말이다.

지금 내가 집중할 시점은?

현재 나의 모습을 '있는 그대로' 바라보자. 지금 내 모습을 만든 원인은 무얼까? 범위를 주변으로 확대하지 말고 오롯이 내 안에서만 찾는 거다. 그렇다면 결론은 십중팔구 '지금보다 안정적이고 좋은 대우를 받는 직업을 가질 만한 능력이 나에 겐 없었다'가 된다.

현재 나의 모습은 다음과 같이 정리된다. 능력 부족! 해외 어학연수를 다녀왔더라면, 좀 더 다양한 스펙을 쌓았더라면, 혹은 좀 더 좋은 대학 출신이었더라면 지금보다 나은 삶을 살 수 있었을 테지만, 그렇지 못했고, 앞으로도 그럴 것이다. 자기 존재를 부정하지 않는 한 이런 사실은 감출 수 없다.

가벼운 테스트를 한 번 해보자. 어제 한 일을 기록해 보는 거다. 일주일 전에 한 일은 무엇이었지? 한 달 전엔? 그리고 일년 전에 난 무엇을 했었지? 기억이 나는 대로 써보도록 하자. 의도적으로라도 기억해 보는 거다. 기억나는 일이 별로 없다면, 안타깝지만 당신은 그 당시 아무런 생각 없이 살고 있었다고 추정할 수 있다. 특별한 날이라든지, 특별하게 어떤 일을 했던 날이라면 반드시 기억나는 무언가는 있게 마련이다. 가령 어떤 시험에 합격했다든지, 아니면 어떤 산의 정상에 올랐는데 기분이 어떠했다든지 하는 그런 기억 말이다.

권유하건대, 자신의 삶을 소중하게 여기며 특별하게 만들고 싶은 의지가 있는 사람이라면 자신의 기억을 남겨둘 만한 노트 하나 정도는 가졌으면 한다. 이건 분명 과거에 얽매여 자신을 학대하는 것과는 다르다. 현재의 나를 무능력하고 무기력하게 만들었던 과거에 집착하는 것이 아니라 처해진 오늘의 현실에 자신을 온전히 투자함으로써 내일, 일주일 후, 한 달 후 그리고 1년 후 선명하게 기억될 자신을 다시 개발하자는 말이다.

심리학자들이 말하듯, 과거 자신의 실책에 관한 원인 규명은 오히려 해가 된다. 원인을 철저히 규명하면 할수록 그 책임을 나누어야 할 대상만 늘어나기 때문이다. 좁게는 나의 성장을 담당했던 가정에서부터 넓게는 그런 나에게 영역을 제공했던 사회 저변으로까지. 게다가 다른 선택과 행동을 했더라면 지금보다는 훨씬 나았을 것이라는 무책임한 기대감마저 조성한다. 그 속을 자세히 들여다보면 문제는 더욱 심각해진다.

이미 지나간 과거를 돌이키며 후회와 한탄을 하고, 아직 오지도 않은 미래를 걱정하고 근심하느라 현재를 소진하고 있지나 않은지 자신을 점검해보자. 필요하다면 타인에게 비친 내 모습은 어떠한지 참고해 보는 것도 좋은 방편이다. 비교된 내 모습을 보는 게 중요하다. 현재의 내 모습은 어떤지 그리고 나의 모습이 얼마나 부족한지를 확인하는 것이다.

동양의 사상 중에는 이런 말이 있다. '과거는 흘러갔으니 이미 없는 것이요, 미래는 아직 오지 않았으니 이 또한 없는 것이로다.' 과거가 만족스럽지 못한가? 그렇다면 똑같은 실수를 반복하지 않기 위해서라도 현재에 집중하자! 미래가 불안한가? 현재의 모습이 미래를 만든다. 안정된 미래를 위해서라면 오로지 현재에만 집중하자!

스스로를 평가하고 객관화하는 힘

—— 회사에서 부하 직원에게 업무 지시를 내린 후 진행 상황을 물어보면 "생각 중입니다."란 말을 듣게 되는 경우가 많다. 물론 말로는 생각 중이라고 했지만, 그 친구의 표정은 사실 이렇게 대답하고 있었다. '어떻게 해야 할지 모르겠습니다!' 대부분 지시받은 일에 대해서 경험이나 지식이 부족하기보다는 어떻게 해야 하는지를 몰라서 걱정만 하고 있는 것이다. 이런 경우 결국엔 시작도 못 하고 나가떨어지고 만다.

짧지 않은 직장 생활과 사업가로서 현장을 경험하면서 다양한 부서에서 여러 업무를 담당했다. 그러면서 느꼈다. 과거의 지식이나 경험이 실제 상황에서 그대로 적용되는 일은 드물다는 것을. 아무리 많은 경험과 지식 그리고 정보를 갖추었다고 하더라도 일을 풀어나가는 과정이 쉽지만은 않았다. 어떤 책도 그것을 해결해줄 수 없었으며, 현장은 그런 것들과는 다른 무언가가 필요했다. 그래서 고민했다.

자문자답을 통해 일하는 방법인 '셀프 메저링Self Measuring'을 적용하고 나서 업무의 효율성이 높아지고 차별화되기 시작했다.

냉정한 자기 평가

자기 평가의 중요성이 대두되는 시대임이 분명하다. 다양한 자기 평가 척도가 제시되고 있으며, 또한 검증된 평가 프로그램을 통해 자기 평가 서비스를 시행하는 기관들도 점점 늘어나는 추세다. 물론 신뢰할 수 있는 기관에서 검증된 프로그램을 통해 평가를 받는 것은 상당히 의미 있는 일이다. 그런 의미 있는 평가 프로그램은 요즘엔 그야말로 지천이다. 그러나 자기 평가는 한 번 '해보는 일'로 끝나는 일회성 이벤트여서는 안 된다.

예전에 연구개발을 할 때였다. 이론적인 자료만으로 신제품을 개발한 적이 있었다. 목표로 한 기능이나 성능은 어느 정도 만족스러웠는데, 상품화를 검토하는 단계에서 품질상의 문제는 없는가 하는 의문에 봉착하게 되었다. 무엇을, 어떤 상황에서, 어떤 방법으로 측정해야 하는지 한참을 고민했다. 다행스럽게도 마침 측정기가 판매되어 그 기준에 맞춰 품질 여부를 판단했던 기억이 난다. 그 이후 중요한 일에 대해선 단계별로 '제대로 하고 있는가?', '중요한 부분 중 누락된 것은 없는가?', '핵심적인 내용을 소홀히 하고 있지는 않은가?' 등 자문자답을 하는 습관이 생겼다.

평가를 받는다는 건 부담스러운 일이다. 그러나 보고 싶지 않아서 눈을 가린다고 상황 자체가 달라지는 것은 아니다. 경쟁 사회에 사는 것은 이미 누군가에게 평가를 받고 선택을 당하는 처지에 놓여 있음을 의미한다. 우리는 늘 누군가에게 평가를 받으며 살고 있다. 세상에 나와서 지금까지 단 한 번이라도 평가를 받지 않은 사람이 있을까. 불교의 한 고전에 나오는 이야기처럼 죽은 아들을 살리기 위해 단 한 사람도 죽은 이가 없는 마을에 가서 겨자씨를 얻어오는 일만큼이나 불가능하다.

군 장교로 있는 친구로부터 미국의 공병대는 다리나 건물을 지을 때 민간 기업과 입찰 경쟁을 해야 한다는 이야기를 들은 적 있다. 국가에서 운영하는 공기업이라 할지라도 시장 경쟁력을 갖추어야 하는 세상이다.

평가하고 평가를 받는 일이 일상임에도 우리는 가끔 이것을 망각하는 경향이 있다. 일상을 넘어서 존재 이유라고 표현하는 게 더 정확하겠다. 이를테면 학교는 학생이 있으므로 존재하고, 기업은 고객이 있으므로 존재한다. 이런 관점으로 공무원들은 국민이 있어야 존재 자체가 성립되며, 학교의 최우선은 학생이어야 한다. 마찬가지로 기업은 고객이 원하는 제품과 서비스를 제공할 의무가 있고, 아울러 기업의 종사자는 당연히 고객 만족에 최선을 다해야 한다.

거창한 듯하지만, 이런 사회 시스템 속에서 평가란 일상이자 생활이다. 실상이 이럴진대 자기 평가의 생활화에 반감을 품을 이유가 없다. 홀로 선 단독자가 아니라 무리를 지어 생존과 생활을 영위하는 인간은 어쩔 수 없이 스스로 평가자이며 동시에 평가를 받는 자이다. 부정하고 싶지만 지구가 끌어당기는 중력만큼이나 이 사실은 명백하다.

멘토링 프로그램에서도 평가의 중요성을 인식하고 이를 습관화하는 데 큰 비중을 둔다. 지금은 대학이라는 울타리에서 보호받고 있지만 훈련을 받는 멘티들 역시 조만간 스스로 평가받고 선택받는 입장에 놓이게 될 것이다.

누구든지 스스로가 생각하는 자신과 타인의 눈에 비친 자신 사이에는 상당한 간극이 있게 마련이다. 그러나 의외로 많은 사람이 타인의 눈에 비친 자신을 알려고 하지 않는다. 내 인식 속의 나와 다른 사람이 구별하는 나 사이에 발생하는 차이를 생각조차 하지 않는 경우도 허다하다. 차이가 있다는 생각을 못해서인지 다른 사람이 나를 어떻게 판단하고 있으며 어떤 평가를 내리고 있는지 알려고 하기도 전에 먼저 스스로 판단하고 단정 짓기도 한다.

물론 다른 사람의 눈에 비친 내가 반드시 나의 진면목이라는 보장은 없다. 나를 바라보는 사람도 나에 대한 어떤 편견이나 선입견을 가질 수 있으며, 애초에 그의 잣대가 휘어진 것일 수 있기 때문이다. 그러나 많은 경우 다른 사람의 시선은 나를 비추는 거울이 된다. 나보다 특별한 능력을 갖추고 있어서가 아니라 그와 나 사이에 있는 거리 때문에 그렇다.

진짜 모습은 그 일정한 거리가 유지될 때 비로소 보인다. 그래서 타인의 눈에 비친 자신을 확인하려는 지속적인 노력과 시도가 필요한 것이다.

How to ▶
자기 평가 습관화하기

1. 자기 평가를 할 때는 자기 자신과 일정한 거리를 유지하는 것이 무엇보다 중요하다. 자신에 관한 판단이나 평가를 할 때는 자기 연민이나 자기 합리화의 함정에 빠지지 않도록 각별한 주의를 기울여야 한다.

2. 면접 시험관의 관점으로 자기 평가 항목을 만들어 본다. 평가 항목을

만들 때는 자신의 가치를 강조하는 데 매몰되지 않도록 주의해야 한다. 처음부터 자기 평가 항목을 만들려고 하지 말고 타인의 평가를 위한 객관적 평가 항목을 만든 다음, 그 항목에 따라 다수의 타인을 평가해봄으로써 충분히 검증한 후 그 항목에 따라 자신을 평가하는 것이 바람직하다.

3. '그렇군!' 전략이 필요하다. '나는 ㅇㅇㅇ하다' 혹은 '나는 ㅇㅇㅇ한 사람이다'라는 평가 뒤에는 곧바로 '그렇군!'이라는 추임새를 붙여 생각하도록 한다. 말장난 같은 기분이 들 수 있지만, 의도적으로라도 이런 생각을 반복하면 그 어떤 변명이나 핑계 없이 자기 평가 결과를 담백하게 받아들일 수 있게 된다. 일종의 마인드컨트롤인 셈이다.

3장

셀프 메저링하라
- 자기 그릇의 크기를 측정하는 5가지 기법

유기체인 인간을 그릇에 비유하는 것이 가혹하다 할지 모르겠다.
그것도 만물의 영장이라는
이 지구상에 존재하는 유기체 중 가장 우월하다는 종족을 말이다.
그러나 우리가 모두 각각 다른 크기의 그릇을 타고났다는 점은 분명하다.
그런 의미에서 그것은 어쩌면 천성의 일부인지도 모르겠다.
다만 유기체인 인간의 그릇은 무기체인 진짜 그릇과 달리
변화와 확장의 가능성을 가진다.
그 가능성이 얼마만큼인지는 정해져 있지 않다.
한 가지 명확한 것은
그 가능성은 개인의 노력 여하에 따라 커지거나 작아질 수 있고,
또 아예 사라질 수도 있다는 사실이다.
자기 그릇의 크기를 키울 것이냐 줄일 것이냐,
그 변화의 변곡점이 자기 그릇의 크기를 아는 순간이다.
스스로 자기 그릇의 크기를 측정하는
셀프 메저링의 기술이 요구되는 이유이다.

원인을
찾지 마라

─────────────── 핑계 없는 무덤이 없듯이 구구절절한 사연 없는 결과도 없다. 그러나 인생이라는 절체절명의 프로젝트를 수행함에 있어 구구절절한 사연은 그다지 중요하지 않다. 중요한 것은 지금 내가 어떤 결과를 만들었는가, 그리고 앞으로 또 어떤 결과를 만들어낼 것인가이다.

　☑ 지금 내 모습이 만족스럽지 않다.

이 항목에 √표를 하는 순간, 누구나 지금의 만족스럽지 않은 내 모습이 있기까지 지나온 과정을 주마등처럼 떠올리게 될 것이다. 아주 어린 시절부터 10대, 20대, 30대를 거쳐 지금에 이르기까지 내 삶에 영향을 미친 수많은 과거의 일들을 떠올리며 그 안에서 현재의 나를 있게 한 원인을 찾고자 할 것이다.

그런데 그렇게 하면 도대체 뭐가 달라지는가? 인생 프로젝트에서 원인 규명처럼 무의미한 일은 없다. 그 원인이 아무리 철저히 규명되었다 하더라도 내 인생에서 달라질 것은 아무것도 없기 때문이다. 과거와 현재는 그대로일 것이며 미래에도 아무런 영향을 미치지 않는다.

지금 내 모습에 만족할 수 없다는 것은 내 인생 프로젝트에서 어떤 문제가 발생했다는 것을 의미한다. 문제가 발생하면 그 문제를 해결하면 그만이다. 그러나 원인 규명은 말 그대로 원인 규명일 뿐 그 어떤 해결책도 아니다. 원인 규명을 해서는 절대 안 된다는 것이 아니라 원인 규명만으로는 인생 프로젝트에서 발생한 그 어떤 문제도 해결할 수 없다는 말이다.

철저한 원인 규명은 때로 문제 해결을 더 어렵게 만드는 경향이 있다. 원인을 찾고 찾다 보면 그 범위가 점차 확대될 것이고, 확대된 범위에서 찾아낸 원인이 결국 후회와 원망으로 바뀌는 것은 시간문제다. 만족스럽지 않은 현재의 원인이 나 자신에게 있음에도 그 범위를 자꾸 넓혀가다 보면 가정형편 탓, 부모 탓을 하다가 결국은 사회 탓, 국가 탓으로까지 확장된다. 마침내 '이번 생은 틀렸다'는 생각에 이른다. 그리고 이번 생이 틀렸다고 생각하는 순간, 내가 할 수 있는 일은 아무것도 없어진다. 다음 생을 기다리는 수밖에.

선택으로 본 내 인생

자신의 과거를 돌아보는 일은 매우 중요하다. 성숙한 인간으로서 더 나은 삶을 살아가는 데 꼭 필요한 자세이기도 하다. 그러면 지금부터 다시 각자의 인생을 되돌아보도록 하자.

- 내가 기억하는 내 생애의 첫 순간은 언제인가?
- 그때 내 인생의 만족도는 어느 정도였다고 생각하는가?
- 그 이후 어린 시절, 10대, 20대, 30대를 거쳐 지금 이 순간까지 나는 어떤 선택의 순간을 맞이했는가?
- 그 순간 어떤 선택을 했으며, 어떻게 행동했는가?
- 그 결과는 어떠했는가?
- 내 삶에 긍정적 영향을 미쳤는가 아니면 부정적 영향을 미쳤는가?

〈내 인생 그래프〉

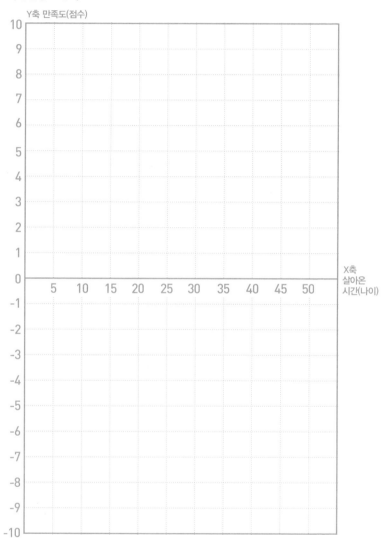

Y축 만족도(점수)

X축
살아온
시간(나이)

선택과 그 결과로 본 내 인생의 그래프를 그려보도록 하자. 태어난 시점에서부터 바로 지금에 이르기까지 선택과 변화의 순간을 떠올려보자. 그 순간의 만족도를 수치로 표시하는 것이다.

그래프가 완성되었다면 이제 잠시 그래프를 살펴보도록 한다.

인생이 평탄하고 별다른 우여곡절이 없었다고 느끼는 사람이 분명 있을 테지만 아마 대부분은 인생의 우여곡절이 한눈에 들어온다는 느낌을 받을 것이다. 하루하루 앞으로 나아가며 성장하고 있다는 느낌을 받는 사람도 있을 테고, 롤러코스터를 탄 것처럼 그 오르내림이 무척 심하다고 느끼는 사람도 있을 것이다. 또 과거 어느 시점에서부터 지금까지 꾸준히 하향 곡선을 그리는 사람도 있을 것이다. 잘못된 선택의 결과로 매우 힘든 상황을 겪은 적도 있을 것이고, 매우 적절한 선택과 행동으로 내 인생 그래프가 수직상승 되었던 때도 분명 있었을 것이다. 어찌 되었든 이것이 내가 생각하는 지금까지의 내 인생이다.

이제 당신의 인생 그래프가 당신에게 주는 유의미한 메시지는 무엇인지 찾아보자.

'그때 그런 선택을 하지 않았더라면…', '그런 상황이 오지 않았더라면…'과 같은 생각은 메시지가 아니다. 그것은 단지 후회이자 아쉬움이다. 돌이킬 수 없는 과거에 대한 후회나 아쉬움은 원망과 체념의 다른 표현에 불과하다.

그 당시 나는 어떤 상황이었느냐 그리고 그 상황에서 어떤 선택을 하였느냐는 그다지 중요하지 않다. 어떤 마음으로 어떤 선택을 했고, 또 어떤 마음으로 어떤 행동을 했느냐가 관건이다. 그것이 우리가 과거에서 찾을 수 있는 유일한 메시지다.

오늘은 분명 어제까지 내가 한 선택과 행동의 결과이다. 그 흔적이 지금 당신 눈앞에 놓인 인생 그래프이다. 그리고 과거의 흔적들은 지금 이 순간에도 당신의 미래에 영향을 미치고 있을 것이다.

지금 당신은 또다시 선택해야 할 순간을 맞았다. 오늘의 그 선택이, 그로 인한 행동이 당신의 내일을 만들 것이다.

[셀프 메저링 기법 2]

지금
그리고 여기,
좌표를 다시
확인하라

──────────── 평가란 가치를 측정하는 것이
다. 가치는 어떤 의미에서 쓰임 즉 용도를 일컫는다. 쓰임이 많
을수록 그리고 유용할수록 높은 평가를 받는다. 반대로 쓰임
이 적거나 쓰임이 있더라도 활용도가 낮다면 낮은 평가를 받
을 수밖에 없다. 심한 경우 폐기될 수도 있다. 평가는 그렇게
냉정한 것이다. 아니 냉정할수록 좋다.

이토록 냉정한 것이 평가이지만 유독 자기 자신에게는 관대
한 것 또한 현실이다. 자기 평가는 변명이나 해명의 여지가 없
는 사실 그 자체여야 하는데 스스로에게는 언제나 관대한 평
가 항목을 적용하고 결론마저 따뜻하게 미화시킨다. 한발 앞

서 방어 본능이 작동하기 때문이다.

흔히 그릇이 작다고 하면 사람됨이 옹졸하다는 오해를 하는데, 간과할 수 없는 건 작은 그릇도 반드시 나름의 역할이 있으며 큰 그릇에 비해 더 값비싸게 거래되는 종류도 있다는 점이다. 그럼에도 사람들은 자기 그릇이 작음을 애써 숨기려 하고, 그릇이 왜 작은지에 대한 이유를 찾는 데 더 급급하다. 그 이유를 없앨 수 있는 어떤 조건만 충족되면 내 그릇은 얼마든지 그 용적을 확대할 수 있다고 믿는다. 모든 문제는 바로 이 지점에서 비롯된다.

단지 그릇이 작기 때문에 조금밖에 담을 수 없다는 단순한 논리에서 벗어나야 한다. 작은 그릇은 원래 조금만 담도록 만들어진 것이다. 하지만 작은 데에는 그만한 이유가 있을 것이다. 크기에 매달리지 말고 쓰임과 용도에 집중하도록 하자.

자기 자신에 대한 진정한 평가는 자신과 일정한 거리를 두었을 때만 가능하다. 그 거리가 자신을 바라보는 특별히 온정적인 시선을 거두고, 스스로를 냉정하게 바라볼 수 있도록 한다.

그렇게 할 수 없다면 해결책은 한 가지다. 나를 평가해줄 객관적인 타인을 찾아야 한다. 다른 사람의 귀에 들리는 내 목소리를 확인하려면 내 목소리를 녹음해서라도 들어봐야 하는 것처럼, 자기 자신의 가치, 즉 쓰임과 용도를 확인하고 싶다면 주관적인 판단에서의 내가 아니라 다른 사람의 눈에 비친 나를 볼 기회를 만드는 수밖에 없다. 나의 쓰임과 용도는 내 안에서 벌어질 일에 대비하기 위해서가 아니라 타인과 어우러진 세상에서 일어나는 일에 더 절실하게 요구되기 때문이다.

우리는 지금껏 수 많은 경쟁 속에서 살아왔다. 흔히 하는 말로 나라는 생명체는 배아가 되는 그 순간부터 실로 어마어마한 경쟁에서 살아남은 결과다. 태어난 이후에는 우리 사회의 갖가지 굴곡진 사연 속에서 무수한 경쟁을 겪으며 여기까지 왔다. 전후 베이비 붐 세대에서부터 새마을 운동 세대, 386 세대, 긴 세대, N세대, IMF 세대, 1982년 김지영 세대 그리고 건국 이래 처음으로 부모보다 가난한 삶을 살아갈 것이라며 스스로를 흙수저라 부르는 세대에 이르기까지 나름 치열하지 않았던 세대는 없을 것이다.

자신에 대한 냉정한 평가를 받아본 경험이 있는가?

그러나 세대의 치열함이 곧 나의 치열함이었던가에 대해서는 생각해볼 여지가 있다. 나의 세대가 그런 엄청난 경쟁 속에서 살았던 것은 사실이지만 실제로 내가 그 경쟁에 적극적으로 참여했던 적이 있는가는 전혀 다른 문제다.

평가 중심의 경쟁 사회라고 말하지만 실제로 개인이 냉정한 평가를 받는 일은 많지 않다. 그나마 학창 시절에는 성적으로라도 평가를 받았으나 요즘은 이마저도 신뢰를 잃는 모양새다. 근래에 들어서 성적도 그다지 냉정한 평가 기준이 되지 못한다. 평가의 척도가 너무나도 다양해졌기 때문이란다.

물론 다각적인 평가가 그 자체로 잘못이라는 말은 아니다. 저마다 그릇을 가지고 있다지만, 사람을 그릇의 용적 측정하듯 단순한 잣대 하나로 평가해서는 안 될뿐더러 그렇게 평가할 수도 없다.

때로 다각적 평가라는 허울 아래 그리고 상대적 평가라는 미명 하에 우열을 가늠하는 기준마저 모호해지는 일이 발생한다. 학교를 졸업하고 사회에 나와서도 마찬가지다. 치열한 경쟁에서 이긴 사람과 진 사람의 차별은 뚜렷하지만 도대체 어떤 차이가 그런 차별의 결과를 낳았는지 구체적인 지표를 보여주는 사례는 많지 않다.

가령, 해마다 수학능력평가를 치르고 나면 만점을 취득한 사람이 몇 명이었는지 꼭 발표한다. 그러나 그해 수학능력평가에서 꼴찌가 몇 점이었는지 발표되는 일은 없다. 최하위 득점자가 존재할 텐데도 말이다. 그러니 나는 아닐 것이라며, 평가 결과를 겸허하게 받아들이는 데서 자연스럽게 멀어진다.

채용시험이라고 다르지 않다. 우수한 인재를 채용하고, 그들이 얼마나 대단한 스펙과 능력을 갖추고 있는지에 대해서는

〈SWOT로 그려본 내 인생의 좌표〉

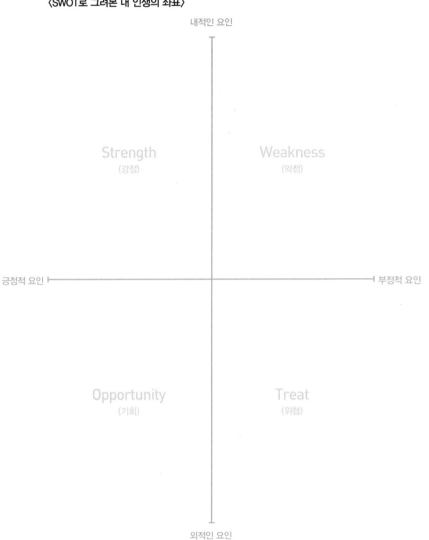

통계를 내지만 채용에서 탈락한 사람들에 관한 자료는 어디에도 없다. 기업 입장에서는 굳이 그런 통계를 낼 필요가 없기 때문이라고 하지만, 문제의 심각성은 누구나 자신은 아쉽게 탈락했을 것이라는 이상한 동질감에 휩싸인다는 데 있다. 실제로 채용시험에 탈락했을 때 보내는 통지문에는 반드시 그 '아쉽게'라는 부사가 사용된다. 실제로 아쉽게 탈락한 사람이든 아니든 말이다.

의도하지 않았지만, 우리는 이 치열한 경쟁 사회를 살면서 정작 냉정한 평가를 받아볼 기회가 별로 없었다. 특히 그 경쟁에서 번번이 밀려온 사람들이라면 더욱 그러하다. 그 결과 매번 경쟁에서 지고도 자신의 무엇이, 얼마나 부족한지조차 모른다. 그냥 이번에도 '아쉽게' 떨어졌을 뿐이라고 자신을 위로하며 다소 억울함마저 느끼는 것이다.

평가란 당락만을 의미하는 것이 아니다. 진정한 평가는 내가 서 있는 현재의 좌표를 확인하는 것이다. 이 치열한 경쟁의 대열에서 뒤처진 사람이라면 지금 자신의 위치를 더욱 정확하게 인식해야 한다.

인생 전체에서도 목표를 설정하기 전에 먼저 자신의 현재 위치가 어디쯤인지를 명확히 알아야 한다. 우리는 그것을 현재의 좌표라고 한다. 현재의 좌표가 정확해야 미래의 방향을 정할 수 있는 것 아닌가.

목표를 정해서 나아가다가 그 목표에 도달하는 것이 힘들어지면 사람들은 내가 잘못된 목표를 설정한 것은 아닌지 의심부터 한다. 그러나 목표가 잘못된 경우는 거의 없다. 잘못은 언제나 출발점에 있다. 출발점이 목표 지점을 등지고 있거나 목표 지점과의 거리가 너무 멀어서 도저히 닿을 수 없는 것일 수는 있어도 목표 자체가 틀린 경우는 매우 드물다는 말이다. 자신의 현재 위치를 정확하게 파악하지 못했으므로 목표와의 거리와 진행의 강도 등을 측정하는 데 오류를 범한 것이다.

내 인생 프로젝트를 기획하기에 앞서 지금 그리고 여기, 내가 서 있는 좌표를 다시 한번 냉철하게 확인할 필요가 있다. 숲에서 나와야 숲이 보이듯 나와의 일정한 거리가 그 좌표를 보다 뚜렷하게 할 것이다. 자신의 좌표를 확인하고 목표와 방향을 정했다면, 이제 실행에 옮길 차례다.

그릇은 두고 감상하는 것으로도 의의가 있지만 본래의 용도는 음식을 담고자 하는 것 아니던가. 용도를 알고 난 후 거기에 담길 음식을 요리해야 손실도 적고 품위도 잃지 않는다.

부모로부터 물려받은 자산을 찾아라

──────────── '잘 되면 내 탓이지만 잘못되면 조상 탓!' 이런 심리도 인지상정인지 모르겠다. 그래서인지 내가 멘토링을 하는 젊은 친구들만 해도 자신의 부모를 탓하는 말을 서슴지 않고 내뱉곤 하는데, 이런 얘기를 들으면 가슴이 저릿해진다. 그들이 자신의 처지를 비관하며 입에 달고 있는 '흙수저'라는 말도 따지고 보면 부모 탓 아닌가.

그 인지상정으로 스스로를 흙수저라 지칭하는 이들에게 내가 내리는 특단의 조치가 있다. 바로 부모로부터 물려받은 소중한 자산이 무엇인지 찾아내라는 것이다. 그러자 놀랍게도 많은 청년 멘티들이 부모에게 물려받은 자산을 찾아냈다. 물론 대부분이 무형의 자산이었다.

나와 내 부모의 공통적 특성은 무엇인가?

내가 부모로부터 물려받은 자산을 찾으려면 우선 나와 내 부모 사이에 공존하는 특성을 찾아내야 한다. 그것은 내가 평소 천성이라고 생각하던 것일 가능성이 크다. 그런 다음에는 그 특성이 내 인생의 어떤 면에 어떤 긍정적인 영향을 미치고 있는지 생각해본다.

나와 내 부모의 공통적 특성	그 특성이 내 인생에 미치는 긍정적 영향
	▶
	▶
	▶
	▶

나와 내 부모의 공통적 특성 중 굳이 내 인생에 미치는 긍정적 영향을 생각할 수 없는 것이 있다면 그것은 과감히 스킵하면 된다. 굳이 그것이 내 인생에 어떤 부정적 영향을 미치고 있는지까지는 지금 생각할 필요가 없다.

내 경우 일단 부모님의 꾸준함을 물려받았다고 생각한다. 아버지는 필요하다면 당신이 즐겨피던 담배도 한순간에 끊는 강한 의지를 지닌 분이다. 나 역시 단번에 담배를 끊었다던지 수십년째 하루도 빠짐없이 운동을 한다던지 같은, 의지가 없다면 하기 힘든 일들을 해내곤 한다.

또 나는 내 어머니의 건강도 물려받았다. 어머니는 평생 감기몸살로도 자리에 누워본 적이 없는 강골이셨다. 나 역시 지금껏 살면서 건강이 문제가 된 적은 없지만 때때로 과연 내가 내 어머니만큼 건강한지에 대해서는 의문을 갖기도 한다. 어머니는 신체적으로 뿐만 아니라 정신적으로도 매우 건강하고 강인한 분이셨다. 그랬기에 그 어려웠던 시절을 아버지와 함께 꿋꿋이 살아내셨을 것이다.

두 분의 그런 특성을 물려받은 나는 무슨 일이든 한번 시작하면 반드시 끝을 보고야 마는 사람이 되었다. 내 어머니만큼이라고 감히 자신할 수는 없지만 몸도 마음도 건강한 편에 속하는 나는 무슨 일을 하든 웬만해서는 지치지 않는다. 근래에 와서는 내가 의도적으로 한 걸음 뒤로 물러서는 편이지만 얼마 전까지만 해도 직원들과 산행을 해도, 청년 멘티들과 밤새 탄천 길을 걸을 때도 나는 늘 맨 앞 선두를 지킬 수 있었다.

　내가 하는 일에 충실할 수 있었던 비결 중 하나는 어머니로부터 물려받은 타고난 건강 덕분이다. 시간이 지날수록 모든 사람에게 감사하는 마음이 더욱 커지고, 특히 부모님에 대한 마음도 더욱 커진다.

그 특성으로부터 내가 만든 자산

아버지와 어머니의 지칠 줄 모르는 근성 ▶ 포기를 모르는 집념

아버지의 성실함 그리고 부지런함 ▶ 매사에 근면 성실함

어머니의 신체적·정신적 건강 ▶ 지칠 줄 모르는 강인함

아버지의 남다른 주량 ▶ 사회생활 및 대인관계 노하우

내가 부모로부터 물려받은 자산은 결국 내 천성과 밀접한 관련이 있는 것들이다. 내 부모 역시 당신들의 부모인 나의 조부모로부터 어느 정도는 물려받았을 것이다. 그러나 부모가 물려준 천성을 토대로, 부모의 삶을 거울삼아 더 좋은 습성을 만들고, 그 습성으로 내 삶을 풍요롭게 만들어가는 것은 결국 나 자신이다.

잘 되면 내 탓, 잘못되면 부모 탓! 그러나 자기 그릇의 크기를 정확히 알려면 그 인지상정을 과감히 버리고 잘 되면 조상 탓, 잘못되면 내 탓을 할 수 있어야 한다. 부모가 아무리 좋은 자산을 물려주었다 해도 내가 그 자산을 운용하는 것에 실패하면 결국 아무것도 아니기 때문이다.

뭐라도
끝까지 해본
경험을
만들어라

"내가 해봐서 알아!" 사회생활에 있어서 이 말처럼 위험한 것도 없다. 해본 것과 할 줄 아는 것은 엄연히 다른 것인데 그 차이를 모르고 하는 말이기 때문이다. 해봤다는 것은 우연한 참여로 얻어걸린 결과이다. 그것이 무엇이든 처음부터 끝까지 해보았을 때 비로소 할 줄 알게 되는 것이다.

나는 학비가 저렴하고 진로가 보장된다는 이유로 국립대학교에 지원했다가 떨어진 경험이 있다. 액면 그대로 실패의 경험이다. 당시 나는 재수를 할 만한 형편이 아니었으므로 꼭 합격해야 했다. 그래서 평소 내 성적보다는 하향 지원을 했고, 그럼에도 예상과 달리 불합격되고 말았다. 왜 내가 불합격되었는지 그 원인을 찾다 보니 늘 가장 자신 있다고 믿었던 수학 시험을 망친 것이다. 그해 입시에서 수학 시험 문제가 특별히 어렵게 출제되었던 것은 아니었다. 만약 그랬더라면 불합격되지 않았을지도 모른다. 문제가 어렵게 출제되었다면 나뿐만이 아니라 수험생 모두에게 어려웠을 것이고, 그만큼 수학 시험을 망친 사람도 많았을 테니 말이다.

내가 수학 시험을 망친 이유는 '할 줄 안다'는 자만과 착각 때문이었다. 학창 시절 내내 수학 과목에 자신이 있었던 나는 입시를 앞두고 거의 1년 동안 수학 공부를 눈으로 했다. 연필을 손에 쥐고 직접 문제를 풀어가며 공부한 것이 아니라 풀이 과정을 눈으로 익히기만 했던 것이다. 수학 머리가 전혀 없었던 건 아닌지라 눈으로 보면 거의 다 술술 이해가 됐다. 수업 시간에 한 번쯤 풀어본 기억도 났다.

그러나 막상 입시를 치르는 날 수학 문제지를 받아보니 다 아는 문제임에도 불구하고 손이 움직이지 않았다. 어떻게 푸는 것인지 머리로는 알겠는데 그 과정을 써 내려가려니 자꾸만 막혔다. 한참을 더듬대다가 겨우 마음을 가다듬고 문제에 집중하며 풀어나갔지만 이미 늦어버렸다. 이것이 내가 수학 시험을 망치고 1차 대학 입시에서 실패한 경위다.

그날 이후 나는 수학 공부는 눈으로 하는 것이 아니라 손으로 해야만 하는 것임을 깨달았다. 그리고 덤으로 처음부터 끝까지 혼자 힘으로 해보지 않은 것을 할 줄 안다고 말해서는 안 된다는 큰 교훈을 얻었다. 눈으로 한 수학 공부는 이를테면, 내가 '해봐서' 안다는 자만과 똑같은 것이었다.

☑ 신문 한 면을 메우고 있는 글자 수 세기.

포기하지 않고 끝까지 해냈다는 것 말고는 아무런 의미도 없을 것 같은 이 일을 내가 청년 멘토링 프로그램 중 하나로 진행하는 이유는 바로 그것 자체, 처음부터 끝까지의 경험을 맛보게 해주고 싶어서다. 아무리 사소한 일일지라도 100%에 도전하고 그 100%의 성취감을 맛보는 특별한 경험을 그들이 할 수 있었으면 했다.

고작 신문 한 면일 뿐이고, 그 한 면을 채운 글자 수가 얼마나 되든 우리 삶에는 아무런 상관도 없겠지만 그 일을 처음부터 끝까지 오롯이 자기 힘으로 해내려면 평소와는 다른 집중력이 필요하다. 잠시 잠깐만 다른 생각을 해도 속으로 헤아리는 숫자를 건너뛰거나 글자를 빼먹을 수 있다. 그러므로 아무나 할 수 없는 대단한 난이도의 일은 아니지만 누구나 응당 할 수 있는 손쉬운 일 또한 아니다.

어쩌면 아무것도 아닐 그러나 쉽지 않은 그 일을 해냈다는 성취감은 의외로 크다. 그 일의 의미가 무엇이든, 그 중요도가 얼마만큼이든 상관없이 오직 끝까지 해낸 사람만이 맛볼 수 있는 자부심이 느껴지기 때문이다.

사실 처음부터 끝까지라 하더라도 단 한 차례만으로는 아직 부족하다. 처음부터 끝까지를 수차례 반복했을 때 정말 할 수 있다고 자신하게 되고, 그 자신감이 차곡차곡 쌓였을 때 비로소 제대로 할 수 있게 된다. 그런데도 사람들은 쉽고 간단한 일이라면 끝까지 해보지 않아도 다 아는 것처럼 행동하고 다 할 수 있다는 착각에서 빠져나오지 못한다. 나아가 그런 일에 끝까지 매달리는 것은 이 치열한 경쟁 사회에서 시간 낭비일 뿐이라고, 그 시간 낭비가 나를 경쟁에서 뒤처지게 할 것이라고 단정해 버린다.

처음부터 끝까지 해보지 않은 사람은 절대 전문가가 될 수 없다. 매뉴얼대로 해본다거나 혹은 다른 누군가의 지시에 따라 시키는 대로만 해본 것은 제대로 할 줄 안다고 할 수도 없다. 내가 수학 문제 풀이 과정을 눈으로 보며 공부한 것처럼.

혼자 힘으로 제대로 할 줄 아는 것이 없는 사람은 신입사원으로 충분하다. 그러나 현대 사회는 신입사원에게조차 제대로 할 줄 아는 무엇 하나쯤은 있어야 한다고 요구한다. 제대로 할 수 있을 때까지 신입사원을 가르치고 기다리며 기회손실비용을 지급할 여유가 없는 시대이기 때문이다.

How to ▶

나만의 도전 100% 리스트

☑ 신문 한 면을 메우고 있는 글자 수 세기

☑ 책 한 권 하루에 다 읽기

지금 당장 시도할 수 있는 각자의 '도전 100% 리스트'를 만들어보자. 그 리스트대로 지금 곧 시작하라. 그리고 시작했다면 반드시 끝을 봐야 한다.

그것이 신문 한 면을 메우고 있는 글자 수를 세는 일이든, 꽃 그림 나비 그림에 색깔을 입히는 일이든 상관없다. 유치원생도 너끈히 할 수 있는 쉽고 단순한 일이든 다소 어렵고 복잡한 일이든 그것을 처음부터 끝까지 나 혼자 해냈다는 성취감은 분명 당신의 내일을 오늘과 다르게 만들어 줄 것이다.

스스로
극한 상황으로
들어가라

──────────────── 내가 진행한 또 다른 청년 멘
토링 프로그램 중 하나는 탄천 길을 따라 걷고 또 걷는 일. 도
달하게 될 목적지에서 일어날 특별한 일은 아무것도 없다. 다
만 밤새 그 길을 걷기 위해 상당한 노력과 인내가 필요하다는
현실만 존재한다.

☑ 탄천 길 따라 밤새 걷기.

어떤 날은 매서운 추위가 기승을 부리기도 하고, 또 어떤 날
은 밤새도록 열대야 현상으로 가만히 있어도 비 오듯 땀이 흐

르는 찜통더위가 지속되기도 한다. 비바람이 몰아칠 수도 있고, 한여름 모기떼가 극성을 피우며 달라붙을 수도 있다. 그러나 그 어떤 악조건 속에서도 한 걸음 한 걸음 내 두 다리로 내딛고 앞으로 나가지 않으면 밤새도록 아무도 그 자리에서 벗어날 수 없다. 어떤 극한 상황이든 그 상황을 벗어날 힘은 내 안에서 찾을 수밖에 없다. 나 스스로 말이다.

인생에 대한 수많은 지침이 있지만 대부분은 인생을 성공하려면 어떻게 해야 하는가에 관한 것이다. 공부를 열심히 하는 것도, 다양한 스펙을 쌓는 것도, 더 안정적인 직업을 갖는 것도, 열심히 노력해 남다른 성과를 내는 것도 따지고 보면 모두 그 성공을 향해 가는 가장 보편적이며 검증된 길이다. 실패를 최소화하고 성공으로 가는 첩경捷徑! 결국 그것이 우리가 지금까지 알고 있었던 인생의 유일한 지침이다.

실패라는 혹독한 비바람을 피할 수 있다면 얼마나 좋을까. 그러나 그럴 수 없는 것이 우리 인생이다. 누구나 살면서 한 번쯤 혹은 그 이상 크고 작은 실패를 경험한다. 마찬가지로 적어도 한두 번은 사소하나마 성공도 경험한다. 물론 대체로 성공의 경험이 많은 사람도 있을 것이고, 반대로 실패의 경험이 많은 사람도 있을 것이다. 그러나 어떤 인생이든 성공적이라고 말할 수 있는 것은 단 한 번도 실패하지 않았기 때문이 아니라 그 실패를 딛고 다시 일어섰기 때문이다.

실패는 성공의 어머니라는 흘러간 옛 성현의 말을 기억하라는 게 아니다. 또한 모든 실패가 유의미한 경험이 되지도 않는다. 다만 누구든 살면서 한 번쯤 혹은 그 이상의 실패를 경험하게 되지만 그 실패로부터 빠져나올 수 있는 힘을 가진 사람은 언젠가 반드시 성공하더라는 이야기다. 그 힘을 갖지 못한 사람은 그야말로 꽃길만 걷지 않는 한 아무리 사소한 실패에도 그대로 무너지고 만다. 하지만 애석하게도 꽃길만 보장된 인생은 없다.

패배를 인정한 적이 있는가?

처절한 실패를 경험한 적이 있는가? 여기에 쉽게 대답할 수 있다면 이제 이 말을 좀 바꾸어 보겠다. 그 실패의 경험 속에서 자신의 패배를 인정했던 적이 있는가? 여기엔 좀 더 다른 의미가 포함되어 있다.

대학 입시에서 실패한 이유는 입시 관련 정보가 부족했던 것도 아니요, 입시 전략이 잘못되었던 것도 아니다. 시험이 특별히 어려웠던 것도, 예년과 달리 변별력 없이 쉬웠던 것도 아니다. 그날따라 심하게 긴장했다거나 컨디션이 좋지 않았다는 것도 핑계다. 그냥 내 실력이 모자랐고, 모자란 실력을 보충할

만큼 열심히 공부하지 않았기 때문이다.

내가 제때 취업하지 못한 이유 또한 마찬가지이다. 내 이상이 높았던 것도, 이렇다 할 배경이 없었던 것도, 해외 어학연수를 다녀오지 않았다는 것도, 학창 시절 다양한 경험을 쌓을 만한 뒷받침이 부족했다는 것도 진정한 이유가 될 수 없다. 그저 꿈꾸는 직업을 가질 만큼의 실력을 쌓지 못했기 때문이다. 직장에서 승진이 누락된 이유라고 뭐가 다를까. 처세가 능하지 못해서, 정치를 잘하지 못해서, 줄을 잘 서지 못해서, 운이 나빠서… 모두 아니다. 내 성과가 이번 승진에서 누락될 수준이었기 때문이다.

그렇다. 결국 다 내 탓이라고 할 밖에, 내 부족한 탓밖에 특별한 이유가 없다. 일단 그 사실부터 인정해야 한다. 다른 무엇을, 나 아닌 다른 누군가를 탓하지 말고 일단 모든 게 다 내 탓이었음을 인정하는 법을 배우자. 그런 다음에야 비로소 다음 단계를 고민이라도 할 수 있다. 실패는 두렵고, 패배를 인정하는 것은 어렵다. 사람은 누구나 그렇다. 그러나 그 두려운 실패를 각오하지 않으면 아무것도 할 수 없고, 아무리 어렵더라도 패배를 인정하지 않으면 거기서 벗어날 수가 없다.

넘어져 본 자만이 다시 일어서는 법을 터득한다. 너무도 당연한 진리이다. 넘어지지 않으면 다시 일어설 필요도 없으니 그렇겠지만, 그것과 별개로 일어서 본 적이 없는 사람이 성공할 가능성은 현실적으로 제로에 가깝다.

어둡고 긴 터널을 지나 빛으로 나와 본 사람만이 이 터널의 끝에는 새로운 가능성이 존재한다는 믿음을 가질 수 있다. 그러므로 넘어지지 않는 법을 알려주는 것보다는 넘어진 다음에 어떻게 일어서는가를 가르쳐 주는 목소리에 더욱 귀를 기울여야 한다.

따지고 보면 터널을 피하려는 전략을 세우는 것만큼 무의미한 발상도 없다. 그 외에도 사례는 많겠지만 대학 입시를 포기하거나 사회 진출을 거부한다면 모를까. 그렇다면 그는 다른 사람들보다도 훨씬 일찍 터널에 들어선 것이다. 머지않아 훨씬 어둡고 긴 터널에 들어선 자신을 발견할 것이며 몇 배나 더 고달플 것이다. 그렇다고 비관하지는 말자. 누구나 넘어지듯 누구나 각자의 터널 속으로 들어간다. 그곳에서 체류하든지 아니면 탈출하든지는 각자의 선택과 능력에 달렸지만.

이곳을 어떻게 빠져나가야 하는지에 대한 지침 같은 것은 없다. 영화 같은 이야기로, 온전히 자신의 힘으로 칠흑 같은 어둠을 빠져나와야 한다는 공통의 미션만이 존재한다. 당연한 이야기 하나만 더 하자. 밝은 빛을 향해 나갈 수 있는 힘은 경험을 통해서만 길러진다. 그 경험이 내 그릇의 크기 또한 키울 것이다. 때때로 스스로를 극한 상황으로 몰아서라도 거기서 빠져나오는 방법을 터득해야 하는 이유가 여기에 있다. 멘티들과 내가 탄천의 밤길을 걷지만 그 행위가 상징하는 바는 절대 단순하지만은 않은 이유이기도 하다.

패배를 인정하라. 그래야 수습할 수 있다. 회피한다고 해서 자신의 현재에 내장된 그 기록이 지워지지도 않는다. 또 다른 실패가 두려워서 아무것도 하지 않는다면 결국 지금 판단한 그대로 그렇게 될 것이다. 수십 년이 흘러도 당신은 한 발자국도 그곳을 벗어나지 못한다.

4장

겨우 하나 바꾸었을 뿐인데

자기가 그만한 힘이 없으면서도
커다란 존재라고 생각하는 사람은 거만하지만,
자기 가치를 실제보다 작게 생각하는 사람은 비굴하다.

– 아리스토텔레스(Aristoteles, 기원전 384~322년) : 고대 그리스의 철학자

세상은
나에게
관심이
없다

────────── 차이와 차별에 관해 모르는 사람은 없다. 그런데 우리나라 사람들은 이 말에 가끔 부정적인 느낌을 가지곤 한다.

차별이라는 단어에서는 특히 더 그런 것 같은데, 조금만 긍정적으로 바라보면, 차이란 그것을 인정함으로써 성장의 동력으로 활용할 수 있고 차별은 그것을 이해함으로써 자신을 진지하게 돌아볼 수 있는 객관적인 지표로 삼을 수 있다. 한마디로 차이와 차별은 공히 겸허하게 받아들여야 할 대상으로 성장과 성숙의 전 단계라고 보는 게 맞다.

멘토링 프로그램을 운영하며 대학생들을 만나기 시작한 지가 꽤 오래되었다. 몇몇 친구들은 졸업 후에도 연락을 해오곤 하는데, 이럴 땐 한때의 멘토로서 혹은 인생의 선배로서 뿌듯하기도 하고 진심을 다해 조언했던 것들이 지금까지 좋은 관계를 유지할 수 있는 계기가 되었다고 생각하니 묵직한 책임감 같은 것이 느껴진다.

물론 아쉬운 점이 없는 건 아니다. 모든 멘티가 적극적이고 활발하게 참여하는 1년이라는 공식적인 활동 기간이 끝나면 개인적으로 찾아와 본인의 근황이나 고민을 꺼내는 경우가 매우 드물기 때문이다.

사실 자신보다 연배가 위거나 사회적으로 성공한 사람에게 다가가는 일이 쉽지는 않다. 학생이든 직장인이든 마찬가지일 것이다. 하지만 어렵다고 생각하는 이런 일들은 대인관계의 차원에서 매우 중요하다.

사회생활의 대부분이 서로 간의 관계에서 비롯되고 마무리된다. 일반적으로 회사에서도 상사와 가까이 지내는 사람들은 업무처리가 빠르고 정확하며 좋은 성과를 내는 경우가 많다. 업무지시에 대해 이해하는 수준을 넘어서 그 일을 왜 해야 하는지, 어떤 방향으로 풀어나가야 하는지 등을 대화를 통해 구체적으로 접근하고 명확히 인지할 수 있기 때문이다. 당연히 이들은 시행착오를 줄일 수 있고 상사가 원하는 결과를 만들어낼 가능성이 크다. 소위 인정받는 사람이 갖추어야 할 조건이라고 할까.

이런 관계 속에서 보이지 않는 비결을 발견하는 것도 능력이다. 단순히 나이가 많아서가 아니라 직장의 상사나 성공한 사람들에겐 그들만의 연륜과 노하우가 있는 법이다. 자칫 가볍게 넘길 수 있는 이 차이가 일반인과 고수, 즉 평범과 비범 사이에 존재하는 장벽일지도 모른다.

그들에게 적극적으로 다가가 좋은 관계를 유지하려고 노력하자. 그들과 나의 차이에는 어떤 것이 있을까. 진지한 자세로 그들에게 배울 점은 무엇이며, 닮고 싶은 점은 무엇인지를 찾아내야 한다. 분명 값진 영감을 얻을 것이다.

세상이 나를 차별한다고 하지만, 엄밀하게 말해서 이런 생각은 내가 만든 것이다. 이렇게 이야기하는 건 어떨까? 아프리카 어느 부족에 살고 있는 소년에 대해 내가 전혀 관심이 없듯, 태양계 밖으로 나가면 어떤 행성들이 있는지 방금 듣고도 금세 잊어버리듯 세상은 사실 나에게 별로 관심이 없다.

그런데도 차별을 느낀다면 그건 전적으로 자신의 마음이 한 일이다. 어쩐지 고대의 선사禪師들이 하는 아리송한 이야기 같지만, 어쨌든 그럼에도 불구하고 내가 차별을 받고 있다고 생각한다면 지혜롭게 대처해야 한다.

타당하든 아니든 차별에도 불구하고 살아내야 하는 것 또한 모두의 인생이기 때문이다.

차별에 대한 두 가지 태도

단도직입적으로, 차별이라는 결과에 대해 우리가 취할 수 있는 태도는 두 가지다. 차별을 수긍하거나 수긍하지 않는 것!

차별을 수긍하지 않는다면, 그 차별을 만든 원인부터 제거하는 방법을 택해야 한다. 차이와 차별에 대한 가장 성숙하고 바람직한 태도는 차이를 인정하고 차별을 받아들이되 자신에게 부족하거나 결여된 점을 신속히 찾아서 그것을 채우려고 노력하는 것이다. 이런 노력을 통해 차이를 줄이고 차별을 극복할 수 있다. 솔직하게 차이를 인정하지만 그 차이에 굴복하지 않고 정면 돌파하는 것이 차별의 원인을 제거하는 가장 상식적인 방법이다.

그러나 안타깝게도 이미 발생한 차이는 우리가 말하는 그 흔한 노력과 시간만으로는 쉽게 만회할 수 없다. 설령 할 수 있다 치더라도 그 과정이 여간 어려운 게 아니다. 누차 말했듯 내가 열심히 노력하는 동안에도 세상은 절대로 멈추지 않기 때문이다. 내가 한걸음 전진하는 동안 앞서 있던 사람도 어떻게든 자신의 위치에서 진일보할 것이고, 혹여 내가 그를 간신히 따라잡았다고 느꼈을 때도 그는 이미 몇 걸음쯤 앞에 서 있을 것이다. 앞서 있었다는 사실로 미루어 그는 더 빠른 걸음일 수도 있다. 그러니 웬만한 노력으로는 이미 벌어진 차이를 극복하는 것이 가능할 리 없다.

이럴 때 우리가 할 수 있는 최선의 방법이 바로 멘토가 될 만한 회사의 상사나 관련 업계의 선배를 찾아 나서는 일이다. 그들이 가지고 있는 연륜과 노하우로 도움을 받을 수 있다면 오히려 일이 쉽게 풀릴 수도 있다. 그들도 처음엔 나와 같은 애송이 시절을 겪었고 무수한 시행착오를 거쳐 그 자리까지 올랐다. 어쩌면 그들도 나처럼 그들의 선배에게 SOS를 보냈을지도 모른다. 그들의 역량과 현재의 능력을 단순히 넘겨선 안 된다. 지금의 우리보다 더 많은 제약과 더 힘겨운 시절을 거쳐 오늘에 이른 것만은 분명하기 때문이다.

평범과 비범 사이에서 정체성을 잃고 헤매는 이들이여! 비범한 내가 아니라면 어차피 평범함으로 승부를 걸어야 한다. 나를 좀 더 안전하고 확실하게 인도할 멘토를 찾아라. 무슨 일이든 처음부터 쉽게 되진 않는다. 그러나 그렇게 하리라고 마음을 먹었다면 차근차근 단계를 밟아야 한다. 이제 우리에게는 어제와 다름없는 이 자리를 벗어나기 위해 한 걸음을 떼는 일만 남았다.

바꿀 수 있는
것과
없는 것

──────────── 나는 그저 서 있다고 느낄 테지만 사실은 단순히 서 있는 게 아니라 그만큼 조금씩 뒤로 밀려나고 있다. 이상한 나라의 앨리스에나 나올 법한 이런 이상한 현상은 현대 사회의 매우 당연하고 보편적인 모습이다. 우리는 누구나 이런 현상을 직접 체감하며 산다. 차별의 문제를 논할 때 가장 이상적인 방법은 처음부터 차이를 만들지 않도록 하는 것이다. 그렇다고 따라잡는 것이 아주 불가능한 일이라는 말은 아니다. 실제로 우리는 상당한 노력으로 차이를 줄여나간 성공 스토리를 여러 번 접한 적 있다.

창업을 준비할 때였다. 내가 가장 먼저 한 일은 동종업계의 상위 5개 기업 CEO를 만나 가까운 관계를 형성하고 경험자로 부터 정보와 조언을 듣는 일이었다. 업계 맨 위 5계단에 버티고 있는 기업들은 내가 상상했던 것과는 완전히 달랐다. 규모 면에서나 구조 면에서 생각한 것 이상이었다.

애초에 그들을 쉽게 따라갈 거라는 생각은 하지도 않았지만, 실전에서의 느낌은 정말 밀림을 헤매는 것 같았다. 도대체 끝이 어디인지, 이렇게 헤쳐 나가는 게 맞는지, 우거진 숲의 정체는 파악할 수조차 없을 만큼 막막했다. 그렇지만 부딪쳐야 했고 혼신으로 버텨야 했다. 해당 기업의 장점을 닮으려고 노력했고, 우리 회사만의 특별함을 만들어 나가려고 밤잠을 설쳤다. 회사가 현재의 모습으로 성장하게 된 배경에는 이처럼 차이를 인정하고 극복하려 했던 피눈물이 있었다.

어떤 일이든 해당 분야의 전문가나 그 분야에서 성공한 사람들의 지혜를 배우는 것이 지름길이다. 그러나 성공 사례들의 특성을 충분히 파악했고 그들을 습득하고 모방하는 데 성공했다고 끝난 것이 아니다. 언제나 본질은 보이는 현상 너머에 존재하는 법. 나라면 어떻게 할 것인지, 기존 업계의 상황에 어떤 차별성을 던질 것인지를 끝없이 반문하며 실행에 옮겨야 했다.

우리는 누구나 완성품을 보고 그것의 제작 과정이나 공정 중에 발생한 사태를 상상하지 못한다. 역설적이게도 완벽하지 못한 특성 때문에 인간은 더욱 겸손해지는가 보다. 이런 의미에서 겸손은 어쩌면 축복일 수 있겠다. 외부에서는 겉으로 드러난 단면만 보이겠지만, 끝없이 반복된 연구와 실험 속에 있는 당사자에게는 생존 그 자체였다. 그때 느꼈다. 정말 세상은 넓고 고수는 많다는 것을.

힘겨운 분투였으나 이런 과정이 없었더라면 지금 현재의 모습은 없었을 것이다. 돌이켜보면 솔직히 아득하다는 말밖엔 할 수 없을 것 같다. 이미 격차가 벌어진 상태라면 후발 주자 입장에서는 처음부터 그 차이를 만들지 않는 것보다 벌어진 간격을 좁히려는 노력이 훨씬 힘들다는 것을 절감한 시간들이었다. 포기하자는 유혹에 시달리기도 한다. 하지만 차이는 부정적인 측면만이 아니라 분명 긍정적인 측면을 동시에 가진다. 중요한 것은 그것이 어디에서 기인하는가를 발견하는 것이다.

변화를 생각하기 전에

능동적으로 변화를 수용하는 사람은 미래의 주도권을 쥘 수 있지만, 수동적인 사람에겐 그럴 기회가 없다. 급변하는 상황에 따른 사전 준비도 쉽지 않을뿐더러 긴급히 대처해야 하는 방안에도 한계가 있기 때문이다. 물론 능동적인 성향의 소유자라면 차이가 벌어지기 전에 미리 대비했을 테지만, 어쩔 수 없이 인간이란 완전한 존재일 수 없지 않은가. 제아무리 능동적인 사람이라도 급속한 변화에 미처 대처하지 못한 게 반드시 있게 마련이다.

이때 분명히 해야 할 것은 변화를 생각하기 전에 우선 소중히 지켜야 할 것이 무엇인가를 자문해보는 것이다. 가령 누군가 동서남북의 위치를 바꾸기 위해 북극성을 남쪽으로 옮기자라고 제안한다면 터무니없는 생각이므로 아무도 들은 척하지 않을 것이다. 마찬가지로 고객 만족을 통해서 지속적인 성장과 이윤추구를 목적으로 하는 기업을 무슨 자선 단체인양 인식하는 사람이 있다면 근본 개념을 뒤흔드는 발상이므로 한심스럽기 그지없을 것이다.

변화의 소용돌이 속에서도 흔들리지 않도록 중심을 잡아야 한다. 급속하게 변하는 세상에서 본질을 망각한다면 혼란만 야기하게 된다. 기업은 이윤을 추구하는 곳이고, 그것은 결과를 통해 드러난다는 대전제를 잊어선 안 된다.

나는
평범하다는
인식이
큰 힘이 되는
이유

———————— 감사하게도 이 세상에 특별한 사람은 그리 많지 않다. 대부분은 나처럼 그리고 당신처럼 특별하지 않은 삶을 특별하지 않게 산다. 그런 우리에게도 특별한 무언가가 있다. '너무나 유명한 그들처럼'이 아니라 '아주 평범한 내 방식'으로 성공의 문을 열어보고자 한다는 점이다.

"나는 특별하니까!" 언제부터 이 말이 유행했던가? 사소하게 들리던 이 말은 어느샌가 방송 등의 매체를 통해 보이지 않는 확신으로 우리 사회에 굳건히 자리를 잡았다. 여기서 한 걸음 더 나아가 이런 말도 생겼다. "나는 소중하니까!" 맞다. 우리는 누구나 특별하며 모두가 소중하다. 그러나 조금이라도 성공의 길을 걸었던 사람들은 하나같이 안다. '나는 특별하다'는 이런 믿음이 가진 맹점이 무언지를.

지구상에 사는 70억 인구는 모두 어느 것 하나도 같지 않은 개성으로 충만한 생명체라는 사실을 기준으로 할 때, 이 말은 이를 데 없이 참이다. 하지만 이 말은 일반론에 따른 전제임을 간과해서는 안 된다. 왜냐하면 모든 사람이 특별하다는 말을 달리 해석하면, 그로 인해 모든 사람이 특별할 것 없는 존재라는 의미를 내포하기 때문이다. 더구나 이런 사고방식의 깊은 곳에서는 자신이 전혀 특별할 것도 없으며 오히려 평균 이하라는 비관론으로까지 발전할 수 있기에 문제가 되기도 한다. '다른 사람과 다를 게 없으니 이렇게라도 의식을 전환해 위안으로 삼아야겠다'는 것이 솔직한 심정인 것이다.

짧지 않은 경험으로 보건대, 이렇게 한다고 자신의 멘탈리티Mentality가 바뀌지는 않는다. 일례로 한 분야에서 뚜렷한 업적을 이룬 사람들이 내놓는 답변을 들 수 있겠다. 한결같이 참 단순하다. 그들은 대부분 본인은 아직 성공자가 아니며 앞으로 더 나아지도록 노력하겠다고 말한다. 그렇지만 이들의 인터뷰에서는 왠지 성공을 향한 강한 도전정신 같은 게 느껴진다. 이게 바로 성공자들의 원동력이다.

'나는 특별하다'는 밑도 끝도 없는 주장은, 나도 좀 특별해지고 싶다는 열등감에서 비롯된 생각이게 마련이다. 그래서

이 말에는 늘 특별하지 않다는 불안감에서 조금이라도 벗어나려는 어떤 안간힘이 느껴진다. 여기서 의지력이라거나 추진력을 발견하기는 어렵다. 어쩌면 이런 사고방식은 위험하기까지 하다.

씨앗이라는 실체가 있는가

한때 자존감이 높은 사람이 성취욕이 높으며, 이런 사람들은 강한 동기부여를 통해 업무 성과 역시 탁월하다는 생각이 심리학을 기반으로 빠르게 확산된 적이 있었다. 틀렸다고 할수는 없지만 자존감을 가진 모든 사람이 성공의 반열이 오른 것도 아니다. 반대로 자존감이 높은 사람들이 사회적 부적응으로 실패한 사례들이 훨씬 더 많았다. 진실은 '누구나 실패할 수밖에 없다'는 것이고, 핵심은 '실패를 어떻게 극복하느냐'에서 벗어나지 못한다. 말하자면 성공의 진입로는 오월의 장미로 된 거대한 아치로 보일지 모르지만 실제로 언제나 고난과 역경을 헤쳐 나갈 준비로 분주한 것이다.

다른 방식을 말하는 이가 있다면 이렇게 말하겠다. "그건 모두 허상이거나 사기다." 맥 빠지는 소리겠지만 자신이 평범한 존재라는 사실을 하루속히 받아들이고 대단한 기대를 하지 않는 게 정신건강에도 좋다. 그래야 자유로워질 수 있으며, 비로소 자신이 진정 원하는 것이 무엇인지 실체를 볼 수 있게 된다. 실체가 없는 것은 허상이며, 실체 없는 것으로 타인을 동요시키는 것을 사기라고 하지 않던가. 씨앗을 심지 않은 밭은 그저 흙덩어리에 불과하다. 씨앗이라는 실체가 있어야 밭이 제 기능을 발휘한다. 그것이 무엇이든 손에 잡히는 구체적인 게 있어야 실패건 성공이건 할 수 있는 것 아닌가?

직장생활을 하며 조직을 맡고 있을 때 일이다. IMF 한파가 불어닥치기 전이었지만 경비 절감 차원에서 우리도 형광등 하나라도 덜 켜기 위한 시도를 했다. 당시 건물 로비에만 200여 개의 형광등이 꽂혀 있었는데, 처음엔 하나 걸러 하나씩 형광등을 꺼보았다. 조금 침침한 느낌이었으나 크게 불편한 건 없었다. 다음엔 세 개 걸러 두 개씩 형광등을 빼도록 했다. 이번엔 반대하는 직원들이 나타났다. 전기료 몇 푼 아끼려다 기업 이미지만 나빠진다는 이유였다. 일리 있는 반론이었다. 고민 끝에 건물 여기저기에 흩어져 있던 화분들을 모두 끌어모아 로비 한가운데를 정원으로 꾸몄고, 그곳에 강렬한 조명으로 스포트라이트를 주었다. 대신 안내데스크를 제외한 로비의 모든 형광등은 꺼버렸다.

회사의 얼굴이라 할 수 있는 로비가 어두컴컴한 도적들의 소굴로 변했다고 여길지 모르겠으나 결과는 그 반대였다. 로

비의 모든 형광등을 끄고도 오히려 효과가 좋았던 것이다. 무슨 특별한 마법이라도 일어났던 것일까? 로비에는 고급 인테리어를 한 듯한 사내 정원이 하나 생기게 되었고, 여기저기 놓여 있던 화분을 한데 모아놓으니 관리하기도 수월했다. 로비의 전력만 아낀 게 아니라 화분 관리비용까지 절감하는 효과가 있었던 것이다.

사소한 예에 불과하지만 여기에서 강조하고 싶은 게 있다. 우선 평범을 넘어선 비범은 따로 존재하지 않는다는 것과 더불어 평범이건 비범이건 간에 거기엔 구체적인 무언가가 있어야 한다는 점이다. 또 하나 언급하고 싶은 것은 기존의 틀 속에서 바꾸느니 새 틀을 짜는 게 낫다는 사실이다. 이 세 가지는 결국 한통속으로 이렇게 형상화될 것이다. '현재 당신이 처한 현실의 문제를 해결하라.' 중요한 건 당신이 현재 직면한 문제다. 그것을 어떻게 처리하느냐에 따라 평범함은 비범함으로 전환될 수 있다.

우리는 늘 이렇게 이야기한다. "우리가 성공한 사람들의 성공 전략을 그대로 따라 한다 하더라도 절대 그들처럼 성공할 수 없다." 모두 알고 있듯, 그것은 흉내에 지나지 않는다. 정작 이럴 때 필요한 말이 "나는 특별하니까!" 아닐까. 당신은 지금 당신만의 유전자로 세상에 나왔으며, 당신만의 환경 속에 있다. 어쩌면 당신은 어딘가 기대어 있거나 혹은 누워 있을지도 모른다. 그 모습이 바로 당신이다.

자신만의 고유한 특별함을 즐기도록 하자. 스티브 잡스의 성공은 스티브 잡스의 성공이고, 빌 게이츠의 성공은 빌 게이츠의 성공일 뿐이다. 굴지의 그룹 삼성의 이건희 회장 역시 마찬가지다. 그들의 성공 신화는 위대하지만, 당신은 그들과 전혀 다른 사람이다. 그러나 오해는 말길 바란다. 다르다는 것이 '격'을 말하는 것은 아니다. 당신은 당신만의 특별함을 밑천으로 위대함으로 나아가야 한다는 말이다.

우리는 늘 특별한 것에만 매달린다. 특별한 것만 전달하고 특별한 것만 기억하려고 애쓴다. 대중매체가 다루는 것 역시 특별한 것들 일색이다. 평범한 것들은 특별함에 가려 자신의 특성마저 잃기가 일쑤다. 대중매체가 쏟아내는 비현실적인 특별함은 대다수의 평범함을 루저로 만들어 버리거나 혹은 왜곡시켜버리기도 한다. 장시간 매스컴과 온라인에 노출된 익명의 대중은 급기야 자신의 욕망마저 변질시킨다. 안타깝게도 매체들이 앞 다투어 배포해 온 허상에 의해 다수의 소비자는 자신의 정체성까지 상실하기에 이른 것이다. 그들에게 책임을 물으려 해도 이제는 사회 전반으로 스며들어 허상과 실체를 분리해 내는 것도 쉬운 일이 아니다.

그렇다고 좌절할 필요는 없다. 그리고 이게 더 중요하고 멋진 일이다. '그들처럼'이 아니라 '내 방식'으로는 얼마든 성공할 수 있다는 사실! 물론 '그들만큼' 일 수 있을지는 아무도 모른다. 그들을 훌쩍 능가할 수도 있다. 인생에 정답은 없으니까. 내가 어두운 로비 한가운데 화분들을 모아 전기 사용료와 화분 관리비를 아꼈듯, 사소한 것들이 모이고 뭉쳐서 굳어진 것이 바로 당신이 찾던 해답이라고 한다면 동의할 수 있을까?

명심하자. 비범함은 결국 평범함이 시도하는 꾸준한 변화의 총합이다. 만약 아직도 그들을 흉내 냄으로써 그들과 유사한 성공에 이를 수 있다고 생각한다면 당신은 자신의 특별함을 간과하고 있는 것이다.

습성이
다한다

──────────── 습성은 야생동물과 같다. 그러나 힘든 일을 익숙한 습성으로 만드는 사람만이 성공할 수 있다.

우리는 이미 알고 있다. 선천적으로 타고난 천성은 바뀌지 않고, 타고난 천성에 의해 후천적으로 만들어진 인성은 바꾸기 어렵다고. 그러나 나는 살면서 몸에 밴 습성만큼은 개인의 노력에 따라 얼마든지 바꿀 수 있다고 믿는다. 어떠한 비범함도 타고나지 못한 평범하기 그지없는 우리에게는 이처럼 다행스러운 일도 없을 것이다.

우리가 흔히 습성이라고 말하는 것은 대부분 사는 동안 특별한 목적도 없이 그냥 저절로 몸에 밴 것들이다. 힘든 일은 절대 익숙해지지 않고, 익숙하지 않은 일은 습성이 되지 않는다. 저절로 몸에 밴 습성에 유일한 목적이 있다면, 성격상 그것은 아마도 본능적 욕구를 충족하는 것뿐이다.

우리가 해야 할 일은 자신에게 어떤 습성이 있는지를 확인하고, 그것의 뿌리에 대해 이해하며, 어떻게든 그것을 길들여서 인생을 위한 도구로 사용하는 방법을 깨닫는 것이다.

"나는 단 하루도 빠짐없이 글을 써야 한다. 성공적인 작품을 쓰기 위해서가 아니라 일상의 습성을 버리지 않기 위해서이다."

러시아를 대표하는 3대 문호 중에서 톨스토이Lev Nikolay-evich Tolstoy가 그의 대표작 『전쟁과 평화』를 집필하는 동안 쓴 일기의 한 대목이라고 한다.

톨스토이는 언제나 완전히 격리된 상태에서 집필에 몰두했다고 한다. 매일 아침 정해진 시간에 서재로 들어가 그곳으로 통하는 모든 문을 안에서 잠근 채, 그 누구도 들어오지 못하게 해놓고 글을 썼다. 물론 톨스토이 자신도 정해진 시간 동안 서재 밖으로 나오는 일이 없었고, 심지어는 저녁때가 다 되도록 아무것도 먹지 않는 날도 있었다고 한다. 호시탐탐 달아나려고 하는 힘든 일에 대한 습성을 집필의 시간에 묶어두고자 톨스토이는 스스로를 가둔 것이다.

군이 톨스토이를 거론하지 않더라도 누구나 한 번쯤 그런 어려움을 경험해 보았을 것이다. 이미 성공한 사람들의 이야기가 내 인생을 성공으로 이끌지는 못할지라도 지금 이 순간만큼은 톨스토이의 이야기가 위안을 주는 것은 바로 그 경험 때문이다.

목적 없이 만들어진 습성을 버리는 것도 그렇게 어려운데, 삶을 변화시킬 수 있을 만한 습성을 육체 안으로 들이는 일은 또 얼마나 힘겨운가. 그리고 그러한 습성들은 또 왜 그리 쉽게 익숙해지지 않는 것인지. 말이 집필이지 조금이라도 유사한 경험을 해 본 사람은 안다. 자신 안에 있는 극한과의 혈투가 어떤 것인지를.

사흘 이상만 한다면

쉽게 생각하자. 작심삼일! 계획했던 바를 하나의 습성으로 자리 잡게 하는 일이 얼마나 어려운지를 단적으로 표현하는 말이다. 이건 특별히 의지가 약한 사람들에게서만 나타나는 부끄러운 현상이 절대로 아니다. 좀 거창하게 말해서 인간 본연의 모습이라고 할까. 변론이 될 만한 자료를 하나 제시해본다. 우리로 하여금 고도의 집중력을 발휘하도록 하고, 한 가지

일에 몰입하도록 해주는 호르몬이 지속적으로 분비될 수 있는 시간은 72시간을 넘지 못한다는 뇌 과학의 연구 결과가 그것이다. 이 연구가 사실이라면 삼일을 넘기는 사람이 특수한 경우이며, 우리는 모두 비극적 운명의 결정체들이란 점에서 동일하다. 그러니 부끄러워할 일은 분명 아니다.

그리고 이 사실을 뒤집으면 가장 비극적인 현실이 희망이 되기도 한다는 말과도 상통한다. 아무리 어렵고 힘든 일, 그래서 정말 하기 싫은 일이라도 사흘 이상만 지속하면 그다음부터는 할 만한 일이 된다는 의미! 실제로 모든 일은 그 처음 사흘이 고비다. 담배를 끊을 때도, 체중 감량을 할 때도, 아침에 늦게 일어나는 습관을 고칠 때도 모진 마음과 단호한 결심으로 딱 사흘만 버티고 나면 나흘째부터는 그렇게 어렵다는 생각이 들지는 않는다. 나흘째부터는 몰입을 가능하게 하는 호르몬에 의해서가 아니라 자신의 의지가 그 일을 하도록 하기 때문이다.

그러나 함정은 사흘을 넘겼다고 해서 이게 또 평생을 가는 것도 아니라는 데 있다. 인간의 의지력이란 또 얼마나 허술한 것인지, 사흘이 지나면 지난 사흘보다는 좀 더 쉬워졌다는 막연함만 남는다. 그렇게 사흘, 또 사흘을 거듭하며 지난 사흘보다 나아진 사흘이 겹겹이 쌓여 갈 때, 우리의 삶은 변화의 물살을 타게 된다. 어떤 일을 성취하기 위해서는 열정, 도전정신 등 여러 요소가 복합적으로 필요하지만 결국 일의 성패를 결정하는 것은 꾸준함을 만드는 의지력에 달려있다. 정말 한동안은 이 의지력에 모든 걸 의존해야 한다.

이런 시기를 지나고 나면 자신의 의지력이 급상승해 있음을 알게 될 것이다. 그렇다고 이것만으로 만족하기엔 이르다. 중요한 건 의지력으로 간신히 일정 기간을 버티고 나면 잠재의식에서부터 서서히 습성이 변화되고 있음을 감지하게 된다는 것이다. 변화된 습성이 이제 당신 의지력의 수고를 덜어준다. 당신은 당신 속에 살고 있는 야생마를 길들이기 시작한 것이다. 그동안은 야생마에 이끌려 다니던 삶을 살았다면 이제부터 스스로 주인이 되어 고삐를 움켜쥐고 야생마를 부릴 수 있게 된다. 톨스토이가 되고 싶다면 당신이라는 목장 밖에서 날뛰고 있는 야생마부터 길들여라.

How to ▶
일상의 사소한 선택 훈련으로 결정장애 극복하기

1. 선택의 시간을 제한하라

선택을 할 때 지나치게 시간을 끌지 않도록 일정한 시간의 제한을 두고 그 시간 안에 무조건 어느 한쪽을 선택할 수 있도록 연습한다.

2. 한번 한 선택을 번복하지 않는다

일단 선택을 한 다음에는 그 선택을 바꾸기에 충분한 시간이 있다 하더라도 그대로 진행한다.

3. 무조건 이전과 다른 선택을 한다

이 사소한 선택이 내 생애 마지막 선택은 아니다. 예를 들어 아메리카노냐 카페라떼냐의 선택처럼 말이다. 어쩌면 대부분의 선택은 그런 수준이다. 그렇게까지 신중에 신중을 기할 필요는 없다. 그러니 어제는 아메리카노였다면 오늘은 무조건 카페라떼를 선택해보는 것이다. 선택이 별것 아님을 직접 몸으로 느껴본다.

4. '다른 선택을 했더라면'이라는 생각을 하지 않는다

선택에 대한 후회가 밀려오면 '다른 선택을 했더라면'이라는 생각을 접고, 이번 선택이 잘못되었다는 것에서만 생각을 멈추도록 한다. 이번 선택이 잘못되었다면 다음에 다른 선택을 하면 그만이다.

글쎄,
내일부터라니?

──────────────────── "당신은 일만
하는 일벌레라는 게 불행하다고 생각한 적 없나요?" 아내는
나더러 늘 일벌레라고 부른다. 밖에서 만나는 사람들의 평가
도 크게 다르지 않다. 회사에서도 일에 몰두해 있는 나를 보고
는 직원들끼리 이렇게 수군대곤 한단다.

"어휴, 걸음걸이에서부터 완전 일중독이셔!" 그러다가 가끔
이런 질문을 해오는 것이다. "그야 뭐, 사장님은 회사의 오너
라서 그런 거 아닌가요?"

한번은 예전 직장의 후배가 찾아왔기에 이런 얘기를 나눴
다. 직원들과 함께였는데 그 후배는 껄껄 웃으며 "당신네 사장

겨우 하나 바꾸었을 뿐인데

님은 전에 직장생활하실 때도 그러셨어요."라며 오히려 직원들의 말을 무색하게 했다.

일벌레란 말이 썩 듣기 좋은 건 아니지만 그렇다고 거부감이 들지도 않는다. 솔직히 말해서 나는 요즘도 회사에 있을 때 가장 설렌다. 맞다. 돌이켜보면 난 회사의 오너가 되기 전, 한 직장의 샐러리맨으로 있을 때도 그랬다. 일생을 통해 몸에 배어버린 것이랄까. 나의 이런 습성과 내게 다가왔던 기회는 그다지 좋지 못한 환경에서도 나를 대학까지 졸업시켰고, 대기업의 임원을 거친 후에도 사업체를 설립해 사회적으로 인정을 받을 수 있게 했다. 감사할 따름이다.

나야말로 특별할 것 없이 평범한 사람이다. 늘 늦게 퇴근하기 때문에 녹초가 된 몸으로 소파에 앉아 TV를 켜면 나도 모르게 스르르 잠들어 버린다. 그러니 배도 나오고 게을러진다. 이게 바로 가감 없는 내 모습이다. 여기까지는 일반적인 사람들과 전혀 다른 바가 없다.

그러나 조금이라도 다른 게 있다면 나는 게으른 내 모습을 죽기보다 싫어하는 성격이라는 점. 어찌 되었든 운동을 하기로 했다. 운동하긴 해야겠는데 별도의 시간을 만든다는 것 자체가 불가능했다.

어떻게 할까 궁리하다가 차라리 TV 앞에 있을 때 운동을 하자고 마음먹었다. 해서 집에 도착하면 샤워를 하기 전 무슨 일이 있어도 스텝퍼에 올라가기로 한 것이다. 그 위에서 뉴스 등의 프로그램을 시청한다. 평일은 40분, 휴일은 한 시간가량. 단조롭고 지겨운 운동이 TV를 통해 견딜 만해진다. TV 프로그램이 끝나고 나면 늘 팔굽혀펴기를 하는데, 이렇게 하니 시간을 두 배로 사용할 수 있게 되었다.

처음엔 시간이 없어서 못 한다는 핑곗거리가 있었지만, 일부러 비가 오거나 접대를 위해 술을 좀 먹고 들어온 날에도 어김없이 해야만 하는 상황을 만든 것이다.

갈등이 전혀 없는 건 아니다. '오늘은 피곤해 죽겠는데 그냥 푹 쓰러져 자면 안 될까?' 아니면 '편안하게 소파에 앉아서 TV 보고 싶은데!' 이런 심정이 가뜩이나 피로에 지친 나를 유혹한다. 그래도 무조건 스텝퍼에 올라간다. 올라가서 하다 보니 습관이 된다. 그런데 습관이 되어 1~2년 했는데도 아파서 며칠 안 하고 나면 다시 하기가 힘들다. 나라고 별수 없군. 습관을 유지하는 게 이렇게 어렵단 말인가!

이럴 때마다 나는 되뇐다. 이제는 신념이 된 생각으로 나의 현재를 만들었다고 해도 과언이 아니다.

'습성을 바꾸지 않으면 인생은 바뀌지 않는다. 진정한 강자라면 자신의 패턴을 바꿀 수 있어야 한다. 습관을 바꾸는 게 그 유일한 방법이다!'

모든 것은 한번에 딱!

나는 자타가 공인하는 골초였다. 하루 두 갑은 기본이었으니까. 하지만 나는 맹물만 가지고 담배를 끊었다. 니코틴 탓을 한 번도 하지 않았다. 담배를 끊는 동안 흡연하는 좌석을 회피하지도 않았다. 거기엘 가야 사람들을 만날 수 있으니 그럴 수가 없었다. 그런데 금단 현상이라는 게 나라고 해서 피해갈까. 담배를 피우는 꿈을 꾸다가 깜짝 놀라서 깰 정도였으니 얼마나 힘이 들었는지는 더 말하지 않아도 알 것이다.

자기 자신을 바꾸기 위해서는 나쁜 습관을 버리고 좋은 습관을 들이는 거 말고는 비결이 없다. 내가 어떤 습관을 지니고 있느냐가 나의 과거를 결정했듯이 나의 미래마저 결정한다. 혹시 고등학교 동창 중에 지금 바뀐 친구가 있는지 떠올려 보자. 허풍 떨던 친구나 소심했던 친구 모두 여전히 그대로이지 않던가?

이처럼 습성이란 무서운 것이다. 더욱 중요한 건 이와 같은 습성을 바꾸지 못하면 아무것도 할 수 없다는 사실이다. 담배를 끊을 작정으로 나는 나 자신에게 하루에 다섯 개비만을 허용했다. 두 시간마다 하나씩이란 표시까지 했다. 그런데 막상 끊으려니 피우고 싶다는 욕구가 더 강해졌다. 문득 '두 시간에 한 개비씩 피우기로 한 거나 한 번에 다섯 개비를 피우는 거나 같은 거 아냐' 하는 생각이 들었다. 다섯 개비를 한꺼번에 다 피워버렸다. 더 이상 피울 게 없어졌다. 그때 느꼈다. 습관을 바꾸는 데는 '서서히'란 방법은 없다는 것을. 언제부터라는 시점을 정하는 순간 담배를 못 끊는다. 마음먹은 그때 끊어야 한다.

습성은 그야말로 단칼에 베는 것이다. 늦은 밤 기생 천관녀의 집으로 취한 자신을 태우고 간 애마를 벤 청년 김유신처럼 말이다.

한 번 체화된 습성을 끊는 것은 정말 힘든 일이다. 그럼에도 우리는 서서히 고치겠다거나 아니면 내일부터 바꾸자는 다소 현실성 없는 핑계로 일관한다.

글쎄, 내일부터라니! 내일이란 오늘을 어떻게 살았는가에 따라 달라지는 것 아닌가. 여태 나는 어제의 습관으로 살고 있는 건 아닌지 자문해보라. 주변의 모든 것이 변하는데도 말이다. 한때 열성적으로 연구에 매진했던 학자라도 만약 지금 몇 년 전 노트로 강의하는 교수라면 그 역시 단순한 기능공과 다를 바가 없다. 최첨단의 세계를 개척해야 할 연구자임에도 정체된 세상에서 벗어나지 못하기 때문이다.

김유신에게도 의지가 나약하고 분별력이 미숙하던 소년기와 술과 미인에 현혹되어 방황하던 청년기가 있었다. 주목할 점은, 그는 자신의 목표를 명확히 세웠고 그것을 달성하기 위해 현재의 자신을 솔직하게 인정했다는 사실이다. 위대한 업적이란 어쩌면 그릇된 습관을 고치는 것과 무관하지 않다.

현실에 안주하려는 습성은 결국 위기를 불러들인다. 가령, 냄비에 불을 지폈을 때 나른한 상태로 온도의 변화를 감지 못하다가 죽어버리는 개구리처럼. 소름 끼치는 비유지만 적어도 냄비 속의 개구리는 되지 말아야 한다. 위기는 갑자기 찾아오는 것이 아니다. 꾸준히 메시지를 보내지만 예민한 사람만이 그것을 감지할 뿐이다.

How to ▶
당신의 리추얼은 무엇인가?

아침에 눈을 뜨면 나는 화초에 물을 주는 것으로 하루를 시작한다. 밤사이 축 처져 있던 화초에 물을 주는 순간 화초와 함께 나도 다시 깨어난다. 상상해보라. 화초들 사이에 물이 방울방울 맺히고 잠시 맺혔던 물방울이 화초 줄기를 타고 내려오는 장면은 이 세상 그 어떤 것보다 싱그럽고 생동감이 넘친다. 때론 그 싱싱한 생동감으로 인해 찌뿌둥했던 육체도 한결 가벼워진다.

다음 코스는 욕실로 들어가 샤워를 하는 것인데, 샤워를 마칠 땐 되도록 온수보다는 차가운 물로 헹구려 한다. 정신과 육체의 살아있음을 느끼려는 나름의 의식이다. 수년간 지속하다 보니 그렇게 하지 않으면 샤워를 해도 영 개운하지가 않다.

출근길에 건너는 한강은 뭐랄까 생명의 근원 같은 게 느껴진다. 그때는 꼭 자동차 창문을 열고 시원한 강바람을 온몸으로 맞이한다. 깊은숨을 들이마시며 어제와 다른 생을 준비한다고 할까. 폐부 깊숙한 곳까지 스며드는 강바람과 떠오르는 태양의 이미지는 늘 한결같지만, 어제와 다른 새로운 기운을 온몸 구석구석까지 전달해주며 작지만 어떤 깨달음 같은 것을 주기도 한다. 때때로 이런 것들은 당장 해결해야 할 문제의 아이디어를 제공하기도 하고 인생 전체에 관한 진로 설정에 중요한 역할을 하기도 한다. 말할 나위 없이 기분이 좋아진다. 서울 공기가 그다지 맑고 쾌청하지 않다는 것을 모르는 바 아니지만, 이렇게 살아 있는 감정을 포기하고 싶지 않다. 여기까지가 하루 일과를 시작하는 나의 리추얼과도 같은 습관이다.

회사에 도착한 다음에도 매일 빼먹지 않는 것이 몇 가지 더 있다. 신문을 읽고, 특별히 기억해 둘 만한 것을 메모하고, 이메일을 확인하고 회신을 하는 등 몇 가지 사소한 일을 처리하고 나서 본격적인 업무가 시작된다.

수십 년째 똑같은 의식으로 시작되는 내 아침 시간은 하루 중 가장 가슴 벅찬 순간이다. 또다시 치열하게 살아야 할 하루가 시작된 것이다. 오늘은 또 어떤 일이 일어날 건지, 또 어떤 새로운 일들이 다가와 나를 충족시키고 경험으로 쌓여 갈 것인지, 기대의 연속이다.

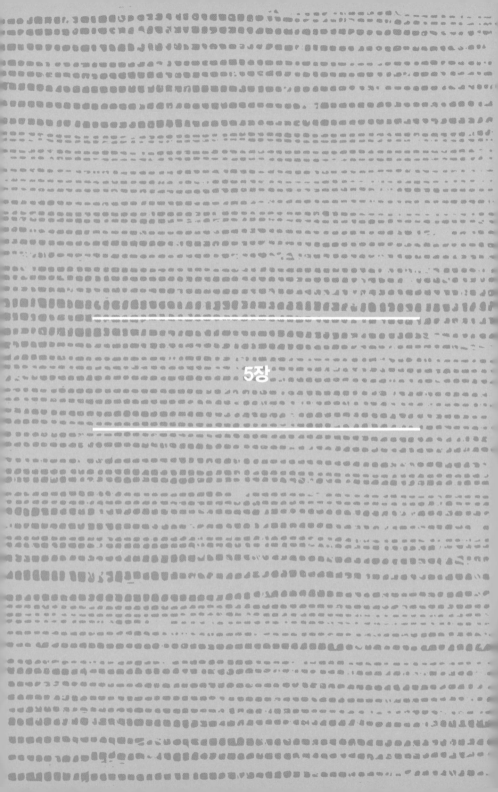

5장

때로는 인생의 쓴소리가 필요하다

미래는 일하는 사람의 것이며,
권력도 일하는 사람에게 맡겨진다.
게으름뱅이에게 권력이 맡겨진 경우는 단 한 번도 없다.

– 카를 힐티(Carl Hilty, 1833~1909년) : 스위스의 사상가, 법률가

더는 우물쭈물 살고 싶지 않은 당신에게

──────────── '우물쭈물하다가 내 이럴 줄 알았지!'

아일랜드 출신의 극작가 조지 버나드 쇼George Bernard Shaw의 묘비에 적혀 있다는 이 말은 우리 모두의 허를 정확하게 찌른 비수가 아닐 수 없다.

세계사가 기억하는 유명 작가도 자신의 인생을 돌아보았을 때 상당히 만족스럽지 못했던 모양이다. 버나드 쇼 정도 되는 작가가 자신의 인생을 우물쭈물 살았다는 회한을 남겼다면, 평범하기 짝이 없는, 어쩌면 평범 이하일지도 모르는 나는 어쩌란 말인가. 우물쭈물 살다가 죽음을 맞이하는 대열에서 절대로 빠져나올 수 없는 건 아닌지 조금은 걱정도 된다.

단 한 번뿐인 소중한 삶을 우물쭈물 그럭저럭 살다가 대강 마감하지 않으려면 도대체 어떻게 해야 하는 걸까? 버나드 쇼의 이 문장 '우물쭈물하다가 내 이럴 줄 알았지!'가 가슴 깊은 곳에서 울리고, 그것으로 큰 깨달음을 얻는다 해도 그 깨달음만으로는 당신과 당신의 삶이 변하지 않는다. 깨달음도 결국 생각의 범주를 벗어나지 못하며, 생각은 그 자체만으로는 아무런 힘을 갖지 못한다. 눈앞에 놓인 사과를 먹고 싶다는 '생각'만으로 크게 한 입 베어 물 수 있다면 모를까.

생각이 행동을 촉진하고, 그 생각이 행동으로 구현될 때, 생각은 비로소 힘을 지닌다. 그리고 그 힘이 변화를 만든다. 그러니 혹여 이 책을 읽으며 마음에 와닿는 내용이 있다 해도 부디 밑줄을 긋는 어리석은 행동은 하지 말기를 바란다. 다음에 또 읽어볼 '생각'이라면 차라리 당장 이 책을 덮기를 권한다. 나는 이 책을 읽는 당신이 이 책과 함께 그것이 무엇이든 아무리 사소한 일이라 해도 지금 당장 행동으로 옮기기를 바란다. Do it right now! 지금은 사과를 크게 한 입 베어 물어야 할 때다.

주석을 좀 달자면, 조지 버나드 쇼의 묘비에 적힌 원문은 이렇다. 'I knew if I stayed around long enough, something like this would happen'. 이 글은 94세까지 장수한 조지 버나드 쇼가 생전에 직접 써 둔 것이라고 한다. 그러나 원문에는 '우물쭈물'이라는 우리말에 해당하는 단어가 없다. 직역하자면 '내 충분히 오래 살았으니, 이런 일도 일어날 줄 알았다' 정도. 여기서 '이런 일'이란 죽음을 맞이하는 일을 의미할 것이다. 누군가의 오역이 오랜 정설로 굳어진 탓이라는데, 어찌 되었든 70년이 넘는 창작 기간 동안 작품 세계에 넘쳐나던 풍자와 해학을 묘비명에까지 적용한 듯한 '우물쭈물하다가 내 이럴 줄 알았다'라는 이 짧은 문장이 우리 가슴에 일으킨 파문은 정말 크다.

시간이란 상대적이어서 20대는 20km, 30대는 30km, 40대는 40km의 속도로 지나간다는 세간의 비유는 경험을 통해 보건대 진실이다. 우물쭈물하고 있을 시간이 없다!

왜 사는가

우리의 삶도 어제 다르고 오늘이 다르다. 원하든 원하지 않든 내 삶의 방식이 변하기 전에 나를 둘러싼 환경의 변화가 이미 어제와 같은 삶을 살 수 없도록 한다. 어제와 다른 삶은 이제 선택이 아니라 숙명이다. 개인의 의지가 아니라 세상의 흐름이며 방향이다.

그렇다면 우리는 어떻게 살아야 할까? 결국 우리는 다시 이

원론적 문제에 직면하게 되었다. 지금까지도 전혀 녹록지 않던 삶을 앞으로의 세상에서는 어떻게 살아야 할 것인가? 변화의 속도는 눈부시고, 그 눈부신 속도의 변화가 또다시 새로운 변화를 만들어가는 세상, 무엇을 예측하든 항상 예측 그 이상이 현실이 되는 세상. 그야말로 전방위적 변화의 소용돌이 속을 살아가는 우리는 이제 어떻게 살 것인가?

태어난 이상 우리는 살아야 할 의무가 있다. 이런 이유로, 지금은 '어떻게 살 것인가?'를 생각하기 전에 '왜 사는가?'를 먼저 말할 때이다.

왜 사는가? 죽지 못해서? 이런 반문은 삶에 대한 비관이나 혹은 농담처럼 들릴 수 있겠다. 그러나 어떻게 보면 가장 정답에 근접한 태도일 수 있다. 우리가 사는 이유는 태어났기 때문이고, 태어난 이상 그것이 자연사든 사고사든 생명이 다할 때까지 열심히 살아야 한다. 이렇게 말하고 나니 왠지 서글퍼지기도 하지만 이런 감상적인 대답이 때로 존재의 위치를 가장 잘 설명하기도 한다.

태어나 존재하는 이상 우리의 선택지는 오로지 단 하나의 방향으로 정해져 있다. 'To be!'

'Not to be'는 분명 아니다. 금수저를 물고 나왔든, 흙수저를 물고 나왔든, 입에 물고 태어난 금수저를 놓쳤든 우리는 어떠한 상황에서도 인생이라는 프로젝트를 꿋꿋이 수행하며 살아가야 한다. 어느 누구도 인생의 이러한 미션에서 벗어날 수 없다. 여기에 평범한 사람이나 특별한 사람이라는 구별은 없다.

우리가 살아가는 세상은 평범한 보통 사람들이 대부분을 차지한다. 특별히 뛰어난 사람도, 특별히 잘난 사람도 그리고 특별히 성공한 사람도 사실은 극소수이다. 그러므로 평범한 보통의 우리에게 필요한 것은 특별한 사람들의 특별하고도 멋진 성공 스토리가 아니다. 냉정히 말해서 애초에 그들은 우리와 출발점이 달랐을지도 모르고, 따라서 그런 그들의 멋진 이야기가 제아무리 대단하게 보이더라도 평범한 우리들의 삶에는 별다른 영향을 미치지 못한다. 물론 큰 도움이 되지도 않는다. 당혹스러운 마음이 든다 해도 어쩔 수 없다.

당신이 그러하듯 나 역시 평범한 보통 사람 중 한 명이다. 우리에게 필요한 것은 나와 비슷한 평범한 보통 사람이 각자의 인생 프로젝트를 성공리에 수행해온 과정과 그 과정에서 얻은 경험이다. 단기적 결과로 찬란한 성공을 거두었을 수도 있고 가끔은 처참한 실패로 끝났을 수도 있지만, 분명한 것은 어쩌다 거둔 성공에도 도취하지 말며 최선을 다했음에도 피할 수 없었던 실패에 영영 무릎을 꿇지도 말아야 한다는 점이다. 그것이 진정한 성공의 의미다. 평범하건 특별하건 'To be!'만이 우리의 유일한 선택지일 테니 말이다.

세상은
어떤 사람을
원하는가

──────────── 현실성 있는 목표 설정에 따른
성취는 또 다른 성취로 이어지게 마련이다. 긍정적인 마인드
를 가지라고 하지만, 사고방식은 그렇게 쉽게 바뀌는 게 아니
다. 부정적 요소를 끊어내는 것이 추천할 만한 가장 좋은 방법
이라 할 수 있다.

긍정적 마인드란 습관을 통해서 유지된다. 의지력만으로 되
는 게 아니다. 한마디로 성취감의 연속이라고 보면 틀리지 않
는다. 작은 것들의 성취가 차곡차곡 쌓이면서 긍정적인 마인
드로 전환되는 것이다.

보잘것없어 보이는 작은 성공의 경험이라도 꾸준히 쌓아야

한다. 실패가 실패를 부르듯, 무엇이든 작은 성공을 하다 보면 그보다 큰 목표가 차츰 눈에 들어온다. 그러기 위해 우선 현실적으로 가능한 목표를 세우고 거기서부터 출발해야 한다. 긍정적인 마인드란 그렇게 만들어지는 것이다. 무리하게 처음부터 웅대한 목표를 세우고 실패를 거듭하다 보면 실패가 누적되어서 부정적인 사고가 몸에 배어버린다. 이런 사고는 제아무리 굳은 결심을 한들 변할 수 있는 게 아니다.

부정적인 사고방식이란 것도 심리학적으로 보면 방어기제라 할 수 있다. 자신을 위험에서 보호하려는 잠재의식의 표현이 상황에 따라 나타나는 현상이기 때문에 현재 상태의 의식으로는 어쩔 수 없다. 가령 어릴 때 물에 빠져서 죽을 뻔했던 기억이 있는 사람이 수영을 배우는 것이 얼마나 어려운 일인지 경험해 본 사람은 안다. 아무리 외적으로 물에 대한 의식을 긍정적으로 가지려 해도 이미 잠재의식 속에는 두려움으로 가득 차 있다. 흔히 힐링 센터 같은 데서 긍정적인 마인드에 대한 중요성과 트레이닝 방법 등을 배우는 사람들을 만나곤 하는데, 그들 중 대부분이 실패하는 이유는 여기에 있다.

불안과 스트레스를 최소화하고, 작은 성공이라도 맛볼 수 있는 상태를 지속하라. 그러는 동안 조금씩 잠재의식이 변화를 시작한다. 가랑비에 옷 젖는다는 말이 있다. 전문적으로 수행자나 명상가가 될 생각이 없는 사람이라면 이처럼 가랑비에 옷 젖듯 잠재의식을 길들여야 한다. 인간의 잠재의식은 한순 간에 바뀔 수 있는 성질의 것이 아니다.

긍정적인 마인드는 세상을 사는 데 있어 대단히 중요하다. 세상은 부정적인 사람보다 긍정적인 사람을 원한다. 『카르마 경영』의 저자 이나모리 가즈오는 '일의 결과'는 사고방식의 열의와 능력을 곱한 것이라고 말한 바 있다. 특히 사고방식이 긍정적이냐(+), 혹은 부정적이냐(-)에 따라 조직에 이익이 되 는 사람이 될 수도 있고, 해를 끼치는 사람이 될 수도 있다고 지적한다. 올바르고 긍정적인 마인드의 사람이라면 진취적인 사고를 가질 수밖에 없고, 맡은 업무에 대한 동기부여를 스스 로 찾으며 충실하게 임하기 때문이다.

감사도 훈련이다

긍정적인 마인드를 갖기 위한 또 한 가지 방법이 있다. 청년 멘토링 프로그램을 통해 만난 수많은 젊은 친구들에게 공통적 으로 던지는 질문이다.

왜 감사할 줄 모르는가?
어째서 부모에 대한 존경심을 갖지 않는가?

소중하고 고마운 것은 알지만 왜 무엇이 얼마만큼 소중하고 고마운지는 생각해보지 않은 젊은이들이 대부분일 것이다.

그들의 생각을 전혀 헤아리지 못하는 것은 아니다. 변화는 시시각각 가속화되고 경쟁은 나날이 심화되는 시대, 건국 이래 최초로 부모보다 가난한 삶을 살게 될 것이라는 암울한 예견이 그들의 어깨를 짓누르고 있는 상황에서 대체 감사할 일이 뭐가 있겠는가! 하지만 감사할 일이 없기는 그들의 선배들도 마찬가지일 터. 1990년대 중반 이후 거품이 빠지고 계속되는 경기 불황과 경기 침체 속에서 국가도 개인도 크게 살림살이가 나아진 적이 없었으며, 그 결과 인생에서 이렇다 할 기회한번 잡아볼 수 없었던 20대를 지나 어영부영 30대 그리고 어느덧 40대가 되어버린 이 상황을 어떻게 감사하란 말인가!

하지만 내가 지금 여기에 있는 것만으로도 감사할 일이다. 인간은 동물과도 다르고 식물과도 다른 생물체라서 도무지 혼자서는 생존 자체가 불가능하다. 그런 의미에서 인간은 지구의 입장에서도 참 골칫거리다. 지구 역사상 인간만큼 많은 뒷바라지를 해야 제구실을 하는 종족은 없었다. 식물은 고사하고 하물며 동물도 나자마자 제 앞가림은 하는데 말이다. 출생 이후 성장 속도도 가장 늦고, 성인이 된 후에도 여러모로 지원이 있어야만 생존이 가능한 게 인간이다. 뿐만 아니라 자신들이 만든 사회에서도 인간은 어딘가에 혹은 누군가에 반드시 의탁하여 삶을 영위한다. 그렇지 않고 본인은 혼자만의 능력으로도 살아갈 수 있는 존재라 자부할 수 있는가?

감사도 훈련이다. 감사할 일이 있다면 응당 감사해야 한다. 정말 감사할 줄 아는 사람은 어떤 상황에서도 감사할 일을 찾고, 그 감사하는 마음으로 삶의 태도를 보다 긍정적으로 변화시킨다. 감사할 일이 없어서 감사하지 않는 것이 아니라 감사할 줄 모르기 때문에 감사할 일이 없다고 느끼는 것이다.

부모에 대한 존경심 또한 마찬가지이다. 모든 부모는 본인의 자식을 무조건적으로 사랑한다. 자식을 사랑하는 데에는 아무런 이유가 없다. 그저 자식이라는 이유만으로 사랑하는 것, 그런 사랑을 내리사랑이라고 한다. 그런데 왜 자식들은 내 부모가 그럴 만한 가치가 있어야만 존경하는가? 부모는 나를 이 세상에 존재하게 했고, 나를 존재하게 했다는 그 이유만으로 조건 없는 사랑을 주는데, 부모를 존경함에 있어 도대체 무슨 조건이 필요하다는 것인지 도리어 묻고 싶다.

How to ▶
감사 일지 쓰기

일상 속에서 감사할 일을 찾고, 매일 감사한 일을 일지로 작성해본다. 아무리 사소한 일이어도, 또 조금은 억지스러운 일이어도 상관없다. 하루에 세 개 또는 다섯 개쯤 숫자를 정해 놓고 처음에는 그 수를 채우는 데 의미를 부여하더라도 매일매일의 감사한 일을 일지 형태로 작성하는 것이다. 그러다 보면 어느 순간 정말 감사한 마음이 드는 일이 부쩍 많아질 것이다. 긍정적인 삶의 태도를 갖는 방법은 삶을 긍정적으로 바라보는 것 이외에는 없다.

지금 하고 있는 일을 가장 잘한다는 것

━━━━━━━━━━━━━━━━ 보다 안정적인 직장
이상으로 우리가 추구하는 것이 또 하나 있다. 바로 새로운 비
전이 보이는 일, 이른바 장래성이 있는 일이다. 새로운 비전이
불확실한 미래에 안정을 보장해줄 것이라는 믿음에서이다. 하
지만 미래를 보장할 수 있는 일이 평범한 우리들의 눈에 쉽게
띌 리도 없고, 또 그것이 미래를 보장해준다고 확신할 수도 없
다. 오로지 현재의 관점으로 기대할 수 있는 추측에 불과하다.

그런데도 그 기대와 추측만으로 지금 하고 있는 일을 그만두
고 새로운 일을 찾아가려는 사람들이 무척 많다. 그들은 하나
같이 이렇게 말한다. 이제 세상이 바뀌었다고. 그래서 지금 내

178

가 하고 있는 일은 더 이상 비전이 없고 나의 미래를 절대 보장해주지 못한다고 말이다. 위태로운 상황 때문에 더 위태로울지도 모르는 미지의 세계로 발을 옮기려는 것이다. 맞는 말인지 모른다. 앞으로 수년 내에 일자리가 대폭 줄어들 것이며, 급기야 우리 사회에서 아예 사라지는 일거리도 분명 있을 것이다. 세상은 그렇게 무서운 속도로 변화하고 발전해가고 있다.

지금 내 앞에 놓인 일

두 가지 사례가 떠오른다. 하나는 과거 개발부서에서 신제품을 개발하던 때이다. 기간을 단축하기 위해 아예 일본에서 작업을 하기로 했던 일이었다. 95%의 작업이 순조롭게 진행되었고 마무리 단계 5%만 거치면 분명 좋은 성과를 거둘 수 있는 상황이었다. 그런데 이게 해도 해도 완성의 기미가 보이지 않는 것이었다. 평생을 통틀어 그 무렵의 며칠만큼 열심히 일했던 적이 없을 정도였음에도 말이다.

시간이 지날수록 점점 초조해졌다. 밤샘 작업은 당연한 거고 밥 먹고 화장실 가는 시간도 아꼈던 작업이었다. 기술 개발 분야에서는 공정률이 99.9%라도 나머지 0.1% 때문에 전체 작업에 차질을 빚는 경우가 허다하다. 납기일은 다가오고 정말 미칠 것 같았다.

답답한 나머지 납품을 해야 하는 회사 기술자에게 아무런 성과도 없이 그냥 돌아가게 생겼다며 하소연을 하기에 이르렀다. 정말 그럴 수밖에 없는 상황이었고, 십 수일을 밤새워가며 매달렸어도 해결하지 못했다는 압박감에 심리적으로도 상당히 괴로운 상태였다. 그는 어차피 프로젝트를 실패하면 지금 돌아가나 며칠 더 버티다 돌아가나 책임을 져야 하는 건 마찬가지일 테니, 이왕 이렇게 된 거 미련이라도 남지 않도록 남은 기간 최선을 다해보자는 조언을 해주었다. 그러면서 자신이 도움이 될지도 모르니 퇴근 후에 한 번 들르겠다고 했다. 그리고 그가 다녀갔다. 무슨 일이 벌어졌을까?

보름을 잠도 못 자고 매달려도 방법조차 찾지 못했던 문제를 단 10분 만에 해결해버린 것이다. 난 기적이 일어난 줄 알았다. 귀신에 홀린 듯 충격에 빠져 멍하니 시간이 흐르는 줄도 몰랐다. 얼마 후 정신을 차렸을 때 문득 진정한 프로가 무엇인가를 묻는 희미한 목소리가 가슴 한복판에서부터 올라오고 있었다. 프로의 세계에서 열심히 한다는 건 의미가 없다. 잘 해야만 비즈니스 세계에서 살아남는다. 요즘도 그 생각을 하면 식은땀이 흐른다.

또 하나는 TV 채널 중 『생활의 달인』이란 프로그램에 관한 것이다. 2005년부터 시작해서 지금도 방영되고 있다고 하니

꽤 장수한 프로그램에 속한다. 방송사 측에서는 '수십 년간 한 분야에 종사하며 부단한 열정과 노력으로 달인의 경지에 이르게 된 사람들의 삶의 스토리와 리얼리티가 담겨 그 자체가 다큐멘터리인 달인들의 모습을 담은 프로그램'이라며 본 방송을 소개한다.

방송사에서 소개한 문구 중에서 내 눈을 사로잡았던 것은 '수십 년간 한 분야에 종사하며 부단한 열정과 노력으로'라는 문구다. 수십 년간, 그것도 한 분야에 종사한 출연자 중에는 평범 이상의 능력자들도 많았다. 심지어는 몇 대를 거쳐 내려온 가업을 물려받은 경우도 있었다.

한 분야의 전문가 혹은 대가가 되는 일은 실로 어렵다. 이렇듯 자기 분야에서 최고가 된 사람들을 보면 감탄이 절로 나며 내가 그렇지 못한 부분에 대해서는 고개가 숙여지기도 한다. 30년 호떡을 구우면 저런 경지에 오르는구나 싶다가도, 또 어느 때는 시중에 파는 국수 가락을 나사로 깎아 멈춰 선 명품 시계를 작동시키는 모습에 감탄조차 나오지 않았다. 더 놀라운 점은 소득이 웬만한 기업의 간부급을 넘어서는 달인들도 여럿 있다는 사실이다.

현재 자신이 하는 일에 최선을 다하자. 먼 미래에도 나를 안전하게 지켜줄 비전이란 현재 내 앞에 놓인 일, 바로 거기서 시작된다.

조직이
개인의
성공을
대신할 수 없다

개인이든 조직이든 차별화된 경쟁력을 갖추어야 한다는 생각에 반기를 들 사람은 별로 없을 것이다. 하지만 정작 어떻게 해야 그토록 중요한 경쟁력이란 것이 생기는지 속 시원히 정의 내릴 사람 또한 없다. 타고난 능력과 처해진 상황이 제각기 다르기 때문이다.

수년이 지난 후 일자리가 대폭 줄었을 때, 그때도 내가 지금의 자리를 지킬 수 있을까? 물론 많은 일자리가 위태로워지는 것은 사실이다. 그러나 내 업무 능력이 그 자리를 지키기에 충분할 정도로 상위 클래스라면 얘기는 달라진다. 일자리가 대폭 줄어들기는 하겠지만 여전히 그 일에 종사하는 극소수 중에는 당연히 내가 포함되어 있을 테니까.

좀 더 극단적으로, 머지않아 그 일이 우리 사회에서 완전히 자취를 감추게 된다면? 이직은 그때쯤 가서 생각해도 늦지 않다. 지금 종사하는 일을 '달인' 만큼은 아니더라도 최소한의 궤도에 올려놓고 난 다음에 말이다. 그런데 과연 인류 역사 전체에서 볼 때 정말 그렇게 흔적도 없이 완벽하게 사라진 직종이 그리 많을까?

지금은 사라진 일자리라 생각되는 것도 잘 살펴보면 아직은 대부분 어떠한 형태로든 이어지고 있다. 세상이 변화됨에 따라 일의 형태도 점차 변화되기 마련인데 어느 순간 급진적인 진화의 단계를 거쳐 사장되는듯 보여도 어떤 일은 업의 본질은 그대로 유지한 채 변형되어 어떻게든 존속한다.

전엔 역전에 지게꾼들이 있었다. 역전에서 빈 지게를 메고 손님을 기다리던 그들은 물론 오래전에 사라졌다. 그러나 어느새 퀵서비스 라이더들과 택배 배달원들이 그 자리를 메웠다. 조만간 드론을 사용한 택배를 전망하는 것으로 봐서 수많은 라이더와 택배 배달원도 보기 힘들어질 것이다. 하지만 또 그 시대가 오면 드론으로 물건을 배달하는 새로운 일자리가 생겨난다. 물건을 배달하는 일 자체가 사라지지 않는 한 그와 본질을 같이 하는 일거리는 계속 존재하는 것이다.

인터넷 은행의 출범으로 머지않아 은행 창구에 앉아 고객을

응대하고 서비스를 처리하는 업무가 사라질 것이라는 예견도 적지 않다. 그러나 금융 업무 자체가 사라지지 않는 한 지금 금융권에서 일하는 사람들을 필요로 하는 일자리는 또 만들어질 것이다. 그때가 되면 누가 과연 그 자리의 주인이 될까? 지금 하고 있는 일을 가장 잘 하는 사람이지 않을까?

세상은 그 시간을 기다려주지 않는다

지금까지 하던 일을 버리고 새로운 일을 찾는다고 저절로 새로운 비전이 생기지는 않는다. 지금 하는 일이 숙련되기까지 얼마나 많은 시간이 걸렸는지 생각해보라. 적어도 또 그만큼의 숙련 기간을 거쳐야 새로운 일에 대한 역량을 갖출 것이며 그제야 비로소 지금과 같은 수준에 이르게 된다. 물론 세상이 충분한 여유를 가지고 기다려주어야만 가능하다. 그러나 세상은 그 시간을 기다려주지 않는다. 그때쯤이면 그 일 역시 별다른 비전이 없는 일로 전락할지도 모르고 말이다.

비전이란 현재의 일을 더욱 잘하게 될 때 생긴다. 지금까지 해온 일, 그것이 가장 자신 있는 일이 될 때 미래도 보인다. 그렇다고 해서 모든 변화를 무시하란 말은 절대 아니다. 미래를 장밋빛으로만 낙관하라는 의미는 더더욱 아니다. 지금 내가 하고 있는 일을 더 잘하기 위해서는 그 일과 유관한 변화를 놓치지 않고 그 흐름을 따라가려는 노력이 반드시 수반되어야 한다. 경험상 내공은 그냥 쌓이는 게 아니다.

우리 회사 스탭스는 대기업의 총무 분야가 분사되어 나온 기업이다. 솔직히 직접 경영을 하겠다고 생각한 적은 없었다. 대학을 졸업하고 대기업에 입사해 20년을 그곳에서 근무했다. 1997년 11월 외환위기의 한파가 몰아쳤고, 기업 구조조정은 나 역시 피해 가지 않았다. 누군가 희생양이 된다는 것은 알았지만 설마 대기업에 있는 나한테까지! 그래서 더 혼란스러웠다. 정신을 차리고 나자 이제부터 무엇을 어떻게 해야 할지 미래에 대한 불안과 걱정이 엄습했다. 그렇지만 나는 빠른 속도로 마음을 추슬러야 했다.

일밖에 모르고 살아온 내가 회사를 떠나야 한다는 사실은 말 그대로 청천벽력이었다. 하지만 회사는 부족한 내가 성장할 수 있도록 인정해준 소중한 존재였다고 생각하며 마지막까지 회사에 누가 되지 않겠다고 다짐했다. 운 좋게도 이사까지 승진한 회사에서 첨단기술센터의 장을 지낸 후 나는 자문역이라는 다소 애매한 직책으로 일선에서 비켜서게 되었다. 그리고 분사 기획을 담당하라는 새로운 임무가 주어졌다. 이후에도 난 약 9개월을 더 출근하며 최선을 다했다. 결국 내가 준비한 분사 계획에 따라 갈라져 나온 회사의 경영을 직접 책임지게 되었다.

처음부터 직원들이 회사를 신뢰하지는 않았다. 그러나 각고의 노력으로 어느 정도 기반을 다지자 회사가 보여주는 전망과 비전을 직원들도 인정하기 시작했다. 이런 현상은 특별한 것이 아니다. 우선 회사의 비전을 만들고 그 비전을 하나하나 달성해가는 1차적인 책임은 최고경영자에게 있다. 경영자라면 회사의 이미지를 안정시키고, 사업을 확대하여 성장시키며, 지속적인 발전의 기틀을 만들 책임이 있는 것이다.

그러나 대부분의 경우 그것이 곧 개인의 비전으로까지 확대되지는 못한다. 개인의 비전을 만들어가는 1차적 책임은 전적으로 개인에 달린 것이다. 조직의 성장과 발전 속에서 개인 스스로 찾아내는 것. 그것이 개인의 비전이다.

개인에게 자기계발과 성장의 기회를 제공할 수는 있어도 조직이 개인의 성공까지 대신할 수는 없다. 무엇보다 조직은 개인 한 사람만을 위해 존재하는 것이 아니기 때문이다.

왜
어제처럼
사는가?

─────────────── 미국에서 자동차 여행을 할 때 일이다. 사막을 운전하고 있었는데, 내 앞으로 단 한 대의 차량이 보였다. 앞차를 쫓아 지루한 길을 달렸다. 한 시간 정도 달렸을까, 경찰이 불러 세우는 것이었다. 차를 세우고 연유를 물으니 내가 과속을 했다는 것이다. 그럴 리가 없는데 하다가 고개를 들어 도로 표지판을 보았다.

아차! 그제야 미국은 거리의 단위로 마일mile을 사용한다는 생각이 들었다. 킬로미터km에 익숙한 나머지 착각했던 모양이다. 나는 앞차의 속도에 맞추어 아무런 생각 없이 따라만 왔을 뿐인데…. 억울해도 어쩔 수 없었다. 규정 속도를 어긴 건 엄연한 사실이니까.

이처럼 우리는 그것이 잘못인 줄도 모르고 잘못을 범하는 경우가 있다. 대부분의 관행도 그렇다. 관행에 따르는 안일한 사고만큼 위기를 부르는 것도 없다. 변화의 시대 아닌가. 뒤처진 건 앞으로 나아가지 않아서이지 뒤로 이동해서가 아니다. 고인물은 썩게 마련이다. 변화를 두려워해선 안 된다. 피할 수 없으면 즐기라고 하지 않던가.

변화는 즐기는 것이다

변화가 무섭다는 말을 자주 하고, 또 자주 듣는다. 실제로 무서운 변화가 무서운 속도로 우리 모두의 삶 속에서 시시각각 목격된다. 그래서 미래가 더욱 두렵다. 한때 미래는 적어도 십 년 혹은 그보다는 훨씬 더 긴 시간이 지난 다음일 것이라는 막연한 생각을 하기도 했다. 하지만 이제 미래가 과연 언제쯤인지 예측하는 것조차 어려워졌다. 내일 당장 어떤 변화가 찾아올지도 모를 세상이기 때문이다. 그 정도로 변화의 속도가 빨라졌다. 아마 앞으로는 더욱 빨라질 것이고, 변화의 속도는 더 이상 가늠할 수 없을 것이다.

그러나 생각해보면 인간의 삶은 언제나 변화의 소용돌이 안에 있었다. 변화가 새삼스러운 일이 아니란 말이다. 관성을 본능으로 가진 인간이 궁극적으로 지향하는 바는 아이러니하게도 변화이다. 그래서 모든 변화는 결국 인간을 이롭게 할 것이라고 나는 생각한다. 지금까지 모든 변화는 결국 인간을 편리하게 하는 방향으로 흘러왔다. 지금까지 인간이 할 수 없었던 많은 일이 가능해졌고, 인간이 꿈꾸어 온 많은 것이 실현되었다. 앞으로도 그럴 것이다. 세상은 지금까지와 마찬가지로 그렇게 변화되고 발전할 것이다. 이러한 변화를 두려워할 필요는 없지 않을까?

메모가 습관이다 보니 서랍을 뒤져보면 오래된 메모 뭉치들이 여기저기서 발견된다. 신제품에 관련된 것들도 있고, 앞으로 출시될지도 모르는 신기술이나 디자인에 관한 것 그리고 업계의 흐름에 관한 분석 등 여러 종류다. 점수를 매겨보기도 하는데, 50점도 안 되는 형편없는 것들이 있는가 하면 지금 보기에도 그 당시 나의 미래안未來眼에 대해 탄복할 만한 것도 발견된다. 물론 탄복할 만한 것들은 얼마 안 된다.

이미 흘러간 것보다 앞으로 나타날 것에 관한 공부를 게을리 해선 안 될 것 같다. 미래를 준비한다고 해서 대단히 형이상학적으로 이해하는 사람이 많은데, 현실에 가장 충실한 자가 변화되는 미래를 예측하고 준비하는 데도 가장 현명한 법이다.

미래의 변화는 큰 범위로 보아서 두 가지 정도로 요약된다.

아무리 획기적인 발전이 이루어졌다고 해도 그 영향력이나 파급력이 일정한 분야에만 활용되고 마는 경우와 사회 전반으로 퍼져 인간의 삶 전체에 영향을 미치는 경우가 바로 그것이다.

따라서 무엇이 앞으로 시대의 흐름을 주도할 만한 것인지 주목해야 한다. 10년 후, 나는 어떻게 변해 있을까? 그리고 우리 사회는? 변화를 예감하기 위해선 기술이 가진 획기성보다 그것에 따라 달라지는 인간의 생활 패턴과 나아가 다른 분야에 미칠 파급력에 관심을 가져야 한다. 어떤 기술이건 인간을 떠나선 효용 가치를 잃는다.

요즘 미래에 출현할 인공지능AI이 인류에 미칠 영향에 대해 갑론을박하는 목소리도 들리는데, 그건 현재 인간의 두뇌가 상상할 수 있는 범위를 넘어선다. 사서 고민할 필요는 없다고 본다. 미래를 위해서라도 우리는 현재에 집중해야 한다.

누군가 경영철학에 관하여 물으면, 나는 우리의 경영이념은 '함께, 멋지게, 미래로'라고 대답한다. 자부하건대, 2년의 고심 끝에 탄생한 이 슬로건엔 나름의 미래관이 투영되어 있다.

우리는 '함께'라는 단어에 고객과 종업원뿐 아니라 동종업계까지 포함시킨다. 경쟁자가 아니라 동업자라는 생각에서이다. 그 배경엔 열심히 배우되 흉내 내지 않는다는 우리만의 자존심도 깃들어 있다. 이것이 '멋지게'에 담겨 있는 기본 의미다. 그 때문에 함부로 일하지도 않는다. 우리가 지금 하는 일이

미래에 어떠한 도움을 주는가, 미래를 위해서 우리는 지금 무엇을 해야 하는가를 끊임없이 질문하고 대답하는 것. 이것이 우리가 일을 대하는 방법론이다.

변화의 와중에는 위기가 혼재할 수도 있다. 그러나 변화를 즐기며 그 변화를 내 편으로 만들면 위기는 분명 기회가 된다. 경험상 늘 그랬다. 변화를 내 편으로 만드는 유일한 방법은 나도 함께 변하는 것이다. 모든 것이 변하는 시대에 유일하게 변하지 않는 것은 '변해야 한다'는 사실 하나뿐이지 않은가. 그러므로 모든 변화는 변화를 수용할 때 시작되는 것이다.

이렇게 말하고 싶다. 변화의 소용돌이가 아무리 거세더라도 우리 흔들리지 말자. 그리고 현재를 즐기자. 함께! 멋지게! 미래로!

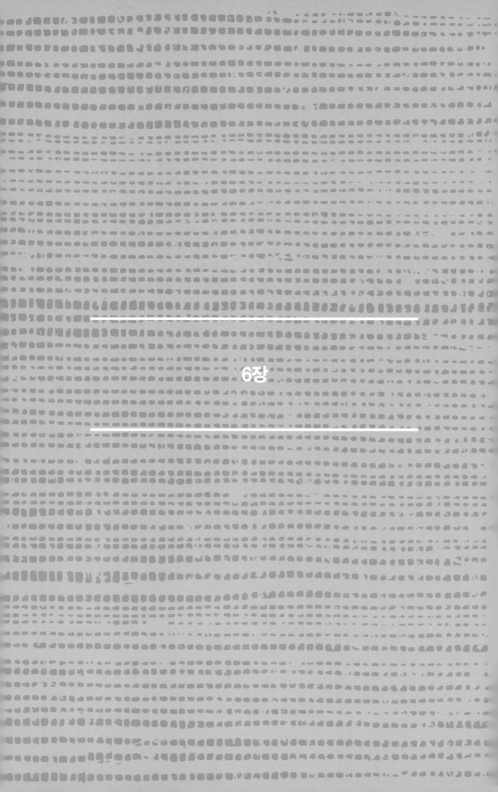

6장

회사 입장에서 바라본 조직생활 백서

잘못은 따로 있는 것이 아니다.
같은 잘못을 되풀이하는 것, 그것이 바로 잘못이다.

– 푸슈킨(aleksandr Sergeevich Pushkin, 1799~1837년) : 러시아의 시인

능력만이
안정적이다

종신 고용에 대한 보장이 사라진 지가 언제인지 까마득한 데도 사람들은 여전히 정규직에 목을 맨다. 이른바 4대 보험과 퇴직금 그리고 업무 성과에 따른 적절한 인센티브 및 승진이 보장되기 때문이다.

취업난이 그렇게 심하다고 말하는 시대인데도 계약직이라고 하면 일단 대부분 구직자는 고개를 갸우뚱 한다. 계약직도 4대 보험과 퇴직금이 보장되며 경우에 따라서는 업무 성과에 따른 인센티브를 주는 곳이 얼마든지 있는데 말이다. 계약직이라고 하면 흔히 말하는 갑을甲乙 관계에서도 밀려나 병丙쯤 되는 지위라고 생각하는 것이다.

실제로 계약직이 정규직에 비해 고용이 불안한 것은 사실이다. 대부분 처우도 정규직에 비해 좋지 않은 편이다. 그러나 그렇지 않은 사례가 전혀 없지도 않다. 정규직의 임금 테이블에 맞지 않는 고액 연봉자를 스카우트해야 할 때도 그렇고, 임명직이나 선출직 공무원들도 한정된 기간 내에 역할을 수행하는 것 아닌가. 다만 고용 기간이 보장되어 있으니 장기 계약직일 뿐.

그런가 하면 길게는 1년, 짧게는 3개월에서 6개월 사이에 낸 성과에 따라 거취를 결정한다고 하는 대기업의 임원도 결국은 계약직이다. 우스갯소리로 임원이란 임시직원의 준말이라고 할 정도니 능력 여하를 막론하고 그들도 언제든 자신의 자리를 내놓아야 하는 처지임에는 분명하다. 대통령도 계약직이고 대기업 임원도 계약직이니 계약직을 너무 나쁘게만 생각하지 말라는 입에 발린 말을 하려는 것이 아니다. 다만 우리가 그토록 선호하는 그 '안정적인' 직장이란 어쩌면 머릿속에서 만들어낸 관념에 불과한 건 아닌지 의문이 생겨서이다. 모든 것을 좋은 것과 나쁜 것으로 나누는 이분법적 표현을 우리도 알게 모르게 많이 쓴다. 일례로 정규직은 좋고 비정규직은 나쁘다는 것도 그렇다. 스스로 프리랜서를 택하는 이들도 많고, 일의 특성상 정규직보다 처우와 보수가 좋은 경우도 많다.

한국의 신용 등급을 좌지우지하는 무디스사社의 토머스 번

부사장이 도대체 임시직에 대한 정의가 무엇이냐고 물어 대충 설명해 주었더니, "그렇다면 미국은 100%가 임시직입니다." 라면서 피식 웃었다는 일화가 있다.

그의 웃음은 세계 경제의 도도한 흐름을 알리는 메시지였다. 토머스 번의 이런 반응은 일레인 차오 미국 노동부 장관이 '미국인들은 자신의 직업을 평균 8번 이상 바꾸는 시대'라고 한 것과 일맥상통하는 것처럼 보인다.

실제로 안정적인 직장이란 지구상 어디에도 없다. 즉 실체가 없는 순수한 관념이다. 솔직히 말하면 입사한 직장을 통해 어떤 대리만족을 느끼려 한다거나 혹은 본인의 능력이 아닌 거대한 조직에 은근히 기대려고 하는 심리가 작동하는 건 아닌지 반문해보고 싶을 때도 있다.

우리 회사에서 취업 컨설팅을 받은 학생 중 기계공학을 전공한 남학생이 있었다. 이 학생은 학력 콤플렉스 때문에 전문대에서 4년제 대학교로 편입했다고 했다. 그래서인지 자신의 노력을 보상받고 싶다며 대기업이 아니면 취업하지 않겠다는 태도를 오랫동안 고수했다. 컨설턴트는 범위를 조금 넓혀 중견기업에도 지원하기를 권유했지만, 대기업 입사만을 원했던 이 학생은 대기업 공채의 탈락을 거듭하면서도 좀처럼 고집을 꺾지 않았다.

취업을 서두르면서도 자신이 아는 대기업 외에는 눈을 돌리려 하지 않는 학생이 안타까웠던 컨설턴트는 학교에서 주최하는 취업 캠프에 참여하게 했다. 이 캠프는 많은 사람들과 취업에 대한 실질적이고 구체적인 정보를 공유하면서 본인 스스로의 준비 상태를 되돌아보는 계기를 마련해 주었다. 이 경험으로 학생은 자신이 한정된 정보를 토대로 취업 준비를 하고 있었음을 깨달았다고 털어놓았다.

이후 이 학생은 컨설턴트와 지속적으로 상담을 진행하면서 중견기업이나 우량 중소기업에서 경력을 쌓고 탄탄한 실력을 갖추어 큰 회사로 이직하겠다는 목표를 정했다고 한다.

안정적 직장은 없다

대기업의 처우가 좋은 건 사실이지만 직원 입장에서 안정적인 직장이라고 할 수 있을지는 의문이다. 성과와 능력에 따른 경쟁에서 견디지 못하거나 과중한 업무로 조기 퇴직하는 사례가 심심치 않게 발생한다는 건 이미 알고 있는 사실이다. 더욱이 규모가 크다 보니 업무가 세분화되고 시스템화되어 있어서 직무에 대해 폭넓은 경험을 하기엔 제한적이다. 어렵게 대기업에 입사했다고 해도 치열한 경쟁에서 살아남아 임원이 될 확률은 1%가 채 되지 않는다. 회사의 비전과 개인의 비전이 일치하기란 정말 어렵다.

우리나라의 90%에 가까운 사람들은 중소기업에서 일한다. 중소기업은 직무별 인원이 적다 보니 담당해야 할 업무의 범위가 넓어 초기에는 힘든 것 같지만 관련 지식을 습득하면서 일을 하다 보면 짧은 시간 내에 해당 분야의 전문가가 될 수 있는 장점이 있다. 대기업에서 살아남기 위해 노력하는 만큼을 중소기업에서 한다면 조직의 핵심 인력이 될 가능성이 매우 큰 것도 사실이다. 중소기업의 처우가 대기업에 비해 열악한 건 맞지만 승진 속도가 빠르고 다양한 업무를 경험할 수 있다는 이점을 고려한다면 그것은 그리 큰 문제가 아닐 것이다.

요즘 우리나라에서는 대기업에 취업하기 위해 재수, 삼수까지 하는 기현상까지 벌어진다. 유별나도 참 유별나다 싶다. 혹자는 이런 말을 할지도 모르겠다. 당신은 창업하기 전에 이미 그런 곳을 경험했으니 지금 그런 말을 한다고. 사실 지금껏 이런 얘길 많이 들었지만 그때마다 나는 아니라고 정확히 대답했다. 다만 첫 직장이었던 기업이 내 적성에 맞았을 뿐이다.

기업은 태스크Task 지향적인 조직과 프로세스Process 지향적인 조직으로 구분할 수 있는데 나의 적성은 프로세스 지향적인 조직에 더 맞았던 것이다.

태스크 지향적인 조직은 한 사람이 한 가지 일을 전적으로 책임지고 처음부터 끝까지 처리하기 때문에 그에게 그 업무에 대한 모든 권한과 책임이 부여되는 특징이 있다. 반면 프로세스 지향적인 조직은 규모가 큰일을 여러 사람이 프로세스를 나누어 처리하기 때문에 개인은 각각의 프로세스를 담당하고 커뮤니케이션을 통해 함께 이루어간다. 지금 취업을 준비 중이라면 이력서를 넣을 회사의 특성이 본인의 적성에 맞는지도 검토해 볼 필요가 있다.

진짜 심각한 문제는 취업을 핑계로 재수다 삼수다 하며 허송세월하고 있는 현재 우리나라 청년의 모습이다. 물론 그들은 그렇게 생각하지 않겠지만 앞선 세대로서 먼저 사회생활을 경험해 본 선배의 입장에선 상당한 인력 낭비라는 생각이 든다. 그들이 원하는 안정적인 직장이 그들을 궁지로 몰아가고 있음에도 그들은 그걸 전혀 피부로 느끼지 못하는 것이다. 다음 보고서를 한 번 살펴보자.

조세연구원은 '실업 원인과 재정에 미치는 장기 효과-청년 실업을 중심으로'란 보고서에서 25~30세 청년기 실업은 평생에 걸쳐 비용을 초래한다며 청년기에 실업을 경험하는 근로자는 노동시장 초기에 인적자본 축적에 필요한 기능을 익히지 못해 저기능인 상태로 노동시장에 머물기 때문에 재취업이 되더라도 장기적인 소득수준 하락이 불가피하다고 밝혔다. 결국 이에 따른 개인의 소득 손실액은 평생 7억 3000만 원에서 8억 원에 이르는 것으로 분석되었다. 취업을 자꾸 미루게 되면 자그마치 7~8억의 돈을 공중분해시키는 것이다.

우리가 안정적이라고 여기는 공공기업들은 지속적인 누적 적자에도 업무 생산성이 오르고 있지 않지만, 일반기업에 비해 훨씬 좋은 대우를 받는다. 그러나 이제 공공기업이라도 글로벌 경쟁력이라는 관점에서 평가받기 시작했다. 앞서 잠깐 언급했던 것처럼 미국 공병대는 다리나 건물을 지을 때 민간기업과 입찰 경쟁을 해야 한다. 우리도 이런 시기가 멀지 않았음을 예견해 볼 수 있는 대목이다. 공공기업의 구성원들도 이러한 사실을 겸허히 받아들이고 생산성에 관한 경쟁력을 갖추어야 한다.

국가도 망할 상황이면 얼마든지 망한다. 1997년 외환 위기가 우리에게 이미 충분히 말해주지 않았던가. 국가도 망할지 모르는데 공기업이나 대기업인들 무사할 리는 없을 것이다. 위기는 어디에나 존재한다. 위기에 직면했을 때, 현명하게 대처하고 최선을 다해 극복한다면 누구든 살아남을 테지만 그렇게 하지 못한다면 누구라도 장담할 수 없다. 국가든, 공기업이든, 대기업이든 여기에 예외는 없다. 그런 의미에서 안정적인 직장이란 더 이상 없다고 한 것이다.

단언컨대, 안정적인 직장이 따로 있는 게 아니라 개인이 가진 능력만이 안정적인 삶을 보장할 수 있다. 무엇을 얼마나 했느냐보다 구체적으로 무엇을 했느냐가 더 중요하며, 같은 일을 하더라도 얼마나 차별화시킬 수 있는 사람이냐가 현대 기업이 요구하는 사항이다. 기업은 이윤을 창출해야 하고 이윤을 분배하는 최일선의 조직이므로 이건 어쩔 수 없는 일이다.

상시적 구조조정이 경영의 일반적인 흐름으로 자리 잡으면서 스스로 기업의 경쟁력에 얼마나 기여할 수 있느냐를 반드시 고려해야 하는 상황이다. 개인의 경쟁력은 이제 입사의 문제에만 국한된 게 아니라 퇴출의 여부까지 확대되었기 때문이다.

회사가 필요로 하는 것은 학력이나 스펙이 절대 아니다. 성실이 결여된 그 어떤 역량이나 야망은 그 자신은 물론 조직이나 사회를 위해 결코 도움이 되지 않는다. 신입사원이라면 맡겨진 일이 아무리 작더라도 성실하게 온 정성을 기울여야 한다. 또한 반드시 자신만의 강점을 개발하도록 하라. 소위 멀티플레이어의 시대에 능력이 비슷한 사람끼리의 경쟁이라면 자신만의 장점을 개발해두는 게 백번 낫다. 그리고 지금 조금 부족하더라도 절대 실망하지 말자. 천재와 범인의 차이는 집중력이라고 하지 않던가.

나를
뽑는
사람의
속마음

─────────── 별똥별이 질 때 소원을 빌면 이루어진
다고 한다. 그런데 별이 지는 그 짧은 찰나에 어떻게 소원을 빌
수 있을까? 평상시에도 늘 소원을 품고 있었기 때문에 그 순간
과 일치한 건 아닐까?

아버지가 목수 일을 하실 때다. 일이 있을 때나 없을 때나 마
당 한 구석에 쪼그리고 앉아서 연장을 펼쳐놓으셨다. 이리저
리 돌려보시며 뭉툭해진 날은 숫돌에 갈았고, 헐렁해진 손잡
이는 다시 단단하게 동여매셨다. 연장 관리를 하고 계셨던 것
이다. 처음엔 그렇게 펼쳐져 있는 연장들이 마냥 신기했지만
시간이 지날수록 연장보다 아버지에게 관심이 쏠렸다. 특별한

이유 없이 연장 관리를 거르는 날이 없었기 때문이다. 어느 날엔가는 그런 아버지께 직접 여쭈어보았다. "아버지 오늘은 일 나가시는 것도 아닐 텐데, 왜 연장은 만지고 계신 거예요?" 지그시 고개를 돌리시더니 아버지는 이렇게 말씀하셨다. "나무꾼이 나무하러 갈 때, 산에 가서야 도끼날을 갈던?" 이날 아버지 말씀이 참 오래도록 기억에 남는다.

나무꾼은 산에 가기 전에 미리 도끼의 날을 갈아 둔다. 그래야 산에 간 의미도 있다. 철저한 준비 없이는 노력도 의미가 없으며, 피나는 노력 없이 좋은 결과가 나올 수 없는 법이다. 난 그때 아버지의 말씀을 이렇게 새기고 있다. 준비의 실패는 곧 실패를 준비하는 거다. 그렇다. 언제나 준비된 상태에 있어야 한다. 별똥별이 질 때를 대비해서 말이다.

회사는 함께 오래 할 사람을 원한다

어렵사리 얻은 직장이건만 요즘은 이직률도 상당하다. 젊은 층에선 자신들이 원하는 일류 기업에 합격해 놓고도 퇴사를 하는 경우가 빈번하단다. 이유는 기업문화 부적응, 개인적 성향, 부서 및 보직에 대한 불만 등 다양하다. 대부분은 대기업에서 살아남기 위해 벌여야 하는 치열한 경쟁 스트레스를 피해서 상대적으로 업무 부담이 덜하고 정년까지 근무할 수 있는 공기업이나 다른 민간 기업을 찾아 떠나는 추세라고 한다. 대기업에 처음 입사했을 때와 달리 과도한 업무와 너무 비대해지는 조직 때문에 자신의 포부를 펴기 어려워 중소벤처 기업으로 옮기는 경우도 많다.

이런 현상은 우리 사회가 너무 이른 시기에 조로早老하는 건 아닌가 하는 인상을 지울 수 없기에 더 아쉽다. 육체적으론 그이전 어떤 세대보다 훨씬 건장해졌지만 정신이 너무 쉽게 마모되고 있다고 할까. 아직 젊은 나이에 벌써 도전정신, 성취감보다 웰빙, 정년보장을 먼저 생각하다니 세상이 바뀌긴 정말 바뀐 모양이다.

신입사원 30% 가량이 입사 1년도 안 되어 회사를 떠나고 고학력일수록 '퇴사율이 더 높은 편'이라고 하니 좀 어리둥절하기도 하다. 물론 본인들이야 타당한 이유가 있을 테지만 말이다. 신입사원이 퇴사하면 채용 및 교육비용, 업무 차질에 따른 지체 비용 등을 포함해 해당 인력의 1년 연봉 정도를 손해 본다는 분석도 있다.

경력직 사원을 채용할 때 회사가 가장 기피하는 대상은 이직의 흔적이 지나치게 많은 사람이다. 경력직 사원이라는 것자체가 이미 이직자를 의미하는 것인데, 거의 대부분 회사가 너무 많은 이직을 한 사람, 한 회사에서의 근무 기간이 유독 짧았던 사람은 채용 대상에서 우선적으로 배제한다. 아무리 종신 고용이 보장되지 않는 세상이라고 하지만 회사는 여전히 사람을 채용할 때 오랫동안 함께 할 사람인지 아닌지를 가장 최우선으로 보기 때문이다.

물론 개인의 입장에서는 끝까지 책임지지 않는 회사가 원망스럽다. 구직자 중에는 사람을 필요에 따라 달면 삼키고 쓰면 뱉는다는 표현을 쓰기도 하는데, 회사의 입장에서는 달 것으로 생각해서 입에 넣었다가 막상 쓰다는 것을 알았을 때, 그것을 뱉어내는 것도 쉬운 일이 아니다. 그래서 나중에 가급적 뱉어낼 일이 없기를 바라는 마음에 처음부터 신중을 기하는 것이다. 입사 이후의 사태까지 고려해야 하기 때문에 관리자의 입장으로선 더욱 어쩔 수 없는 일이다.

상황을 직시하자. 몇 년간 공들여 키운 인력이 빠져나가면 회사 운영에 차질이 생기는 것은 물론 기술 유출에 대한 우려도 클 수밖에 없다. 이들에게 들어간 비용과 시간을 따지면 회사 입장에선 정말 손해가 이만저만이 아니다. 노동부의 한 조사에 따르면, 직원 수 300명 이하인 중소기업의 인력 이직률은 2.47~2.77%인 반면 직원 300명 이상인 기업의 이직률은 1.66~1.45%로 떨어진다고 한다. 수치만 놓고 보았을 때, 소규모 중소기업은 구직자들에게만 무시 받는 게 아니라 이직을 하려는 사람에게도 천대를 받는 거 같아 씁쓸하기 이를 데 없다.

직장인들의 내신 성적이라고 할 수 있는 평판 조회(레퍼런스 체크)가 취업의 당락 포인트가 되기도 한다. 요즘은 이 평판 조회를 통해서 이력서와 면접만으로는 알 수 없는 성격이나 태도, 대인관계, 업무능력, 도덕성 등에 대한 다양한 정보를 얻을 수 있기 때문에 이직자의 취업에 적극적으로 반영하는 추세다.

평생직장이란 개념 대신 '이직'이 샐러리맨들의 트렌드로 자리 잡으면서 평판 조회의 중요성은 날로 부각된다. 인수인계 등 마무리 절차 없이 퇴사해서 피해를 주거나 파벌 등의 문제로 회사 분위기를 흐릴 수 있는 사람의 유입을 막는 일종의 여과장치인 셈이다.

기업 또는 서치 펌(헤드헌터 업체)의 평판 조회 방법은, 입사 후보자의 동의를 얻어 본인을 평판해 줄 옛 상사나 동료를 추천받은 후 직접 만나거나 그룹으로 접촉해 근무 태도 등에 대한 정보를 얻는 형태로 진행된다. 한 후보를 놓고 여러 명과 대답을 주고받으면 공통된 장단점이 드러나서 정확한 평가를 업체에 제공할 수 있다고 한다. 전 직장에서 어떻게 일했고, 어떤 성과를 냈으며 동료들과 어떤 관계를 유지했는가도 중요하지만 퇴직하는 과정과 마지막 날까지 어떻게 업무를 처리했는가도 평판 조회 점수에 많은 영향을 미친다.

나 역시 정든 회사를 떠나본 경험이 있다. 그때 이런 생각을 했다. 떠나야 한다고 해서 지금까지 몸담았던 회사를 비난한다면, 그동안 그 회사와 함께해온 나의 모든 시간과 그동안 바친 나의 모든 노력과 정열을 부정하는 것이 아닌가. 개중엔 억울한 심정에 '지난 일은 생각하고 싶지도 않다'며 분통을 터뜨린 사람도 있었지만, 나는 그러고 싶지 않았다. 최선을 다한 시간이었고 인정받았던 조직이었는데 여러 여건상 그만두었다는 이유로 그동안의 세월을 부정하고 싶지 않았다.

가능하다면 한 군데 직장에서 최선을 다하는 게 가장 좋다. 그러나 피치 못할 사정에 의해 이직을 결심하더라도 이건 명심하자. 이직을 결심하는 건 자유지만 이직하는 동안의 과정에는 그 사람의 인격이 고스란히 드러난다는 사실을!

조직은
어떤 사람을
원하는가?

LG경제연구원은 『이런 직원이 불량직원』이란 보고서에서 7가지 불량직원의 유형을 발표하면서 이들을 방치하면 구성원의 사기 저하 및 조직력 붕괴 등 조직분위기를 망칠 수 있다고 경고한 바 있다. 이들을 퇴출 대상으로까지 표현하고 있는데, 퇴출 대상인 이들 불량직원의 7가지 유형은 다음과 같다.

첫째, 회사의 경영활동 및 제도화에 대한 습관적인 불만을 표출하는 '항상불만형'.

둘째, 틈만 나면 더 좋은 회사로 이직을 꿈꾸는 '임시체류형'.

셋째, 능력은 있지만 지나치게 과도한 욕구로 주변 사람을 지치게 하는 스타일의 '유아독존형'.

넷째, 언제 어디서나 마찰과 갈등을 피하고 리스크 떠안는 것을 거부하는 '마찰회피형'.

다섯째, 항상 부지런하고 분주히 일하지만 뚜렷한 목표의식이 없는 '좌우충돌형'.

여섯째, 동료의 열정과 헌신으로 이뤄낸 결과를 가로채는 '무임승차형'.

일곱째, 한방에 끝낸다는 식의 사고로 무리수를 두는 스타일의 '홈런타자형'.

회사뿐만 아니라 유사한 조직 생활을 조금이라도 해본 사람은 다 알 것이다. 어디에나 이런 사람들은 있는 법이니까. 이 보고서는 불량직원을 줄이기 위해 엄격한 채용시스템을 가동하고 육성단계에서 감성지능을 개발하는 등 노력이 필요하며, 불량직원뿐 아니라 불량리더도 제거하는 퇴출시스템을 갖춰야 한다고 지적했다. 맞다. 이런 사람들은 조직 전체에 해를 끼칠 수 있다. 직장인으로 있을 땐 그래도 좀 덜했는데 기업을 경영하다 보니 여러 사람과 여러 측면을 고려하지 않을 수 없게 된다.

책임감은 진정성의 문제다

사실 개인이나 기업이나 그 속내를 들여다보면 공통된 무언가가 있다. 어느 조직이든 충성심 있는 사람을 원한다. 배우자의 조건으로 가정에 충실한 사람을 제일로 꼽는 것처럼 회사도 국가도 우리 조직에 충실할 수 있는, 충성심 강한 사람을 원하며 그런 사람만을 최대한 선별해 조직의 일원으로 받아들이고자 한다. 이걸 기업의 일방적인 욕심이라고 보면 안 된다.

조직에 충실한 충성심 강한 사람이라고 해서 일방적인 헌신을 강요하는 것은 아니다. 더 장기적인 관점에서, 더 넓고 깊은 안목으로 자신과 조직을 함께 보고 함께 갈 수 있는 사람, 조직과 함께 성장하며 조직을 성장시켜 나가겠다는 책임감 있는 사람을 찾는 것이다. 덧붙이자면, 사주나 오너에 대한 충성심을 요구하는 게 아니라 본인이 소속된 조직 전체에 대한 책임감을 말한다.

회사는 책임감 없는 사람에게 중요한 일이나 가치 있는 일을 맡기지 않는다. 짧은 기간에 끝나는 일만 이들에게 돌아간다. 이들이 업무를 진행시키는 동안에는 상세히 지시하고 구체적으로 확인한다. 거의 유치원생을 다루는 방식이라고 보면된다. 이런 상황에서 사람은 절대로 성장하지 못한다. 회사의 입장에서도 어쩔 수 없는 노릇 아닌가. 이들 때문에 나머지 전

직원이 위험에 내몰릴 수도 있으니 말이다. 기업은 책임감 있는 직원을 핵심인재로 분류해서 남모르게 지원한다.

직원과 회사는 솔직하고 허심탄회한 관계여야 한다. 우리회사의 슬로건인 '함께, 멋지게, 미래로' 역시 이런 의도를 반영한다. 갑과 을의 관계란 말이 가끔 부담스럽게 느껴질 때가 있는데, 왜 우리가 그렇게 선을 그어 놓고 적대적이어야 하는지 나로선 이해하기가 무척 힘들다. 말이야 바른 말이지, 우리는 서로의 생존을 함께 책임지는 관계가 아닌가. 비단 우리뿐만 아니라 우리의 가족까지 범위를 넓혀보면 조직에서 원하는 책임감이란 어떤 것인지 다시 생각하는 계기가 될 것이다.

진정으로 책임을 다한다는 것은 자신이 할 수 있는 마지막 최선까지 다하는 것이다. 나의 가치는 마지막까지 최선을 다할 때, 즉 진정한 책임감을 발휘할 때 달라진다. 그것은 내 가족을 위한 책임이요, 회사 내에서 또 다른 나의 모습인 내 동료를 위한 책임이요, 좀 더 범위를 넓히자면 내 고객을 위한 책임이다. 결국 내 고객과 내 동료를 위해 책임을 다할 때 나와 내 가족을 위한 책임이 달성되는 것이다. 이런 측면에서 책임감은 능력이라기보다 진정성의 문제다.

다음은 회사 내에서 실질적으로 필요한 책임감의 예시이다.

● 약속은 명확하게 하고 반드시 지키자.

- 한번 시작하면 중도에 그만두지 말고 꼭 완수하자.
- 손해 보듯 살자.
- 어디까지가 나의 책임인지 규정하자.
- 중간 점검을 하자.

책임감도 따지고 보면 습관이다. 누군들 진정성이 없겠냐만 어떻게 해야 하는지에 관한 방법론이 문제였을 것이다. 만약 당신이 위에서 소개한 5가지 사항을 언제나 준수하는 직장인이라면 조직도 분명 당신을 달리 볼 것이다.

How to ▶

등 돌리는 것도 습성이다

대개 스펙은 관리하는 것이라 말하고, 이력은 쌓는 것이라 말한다. 그러나 이제는 이력도 스펙처럼 관리가 필요한 시대이다.

이력 관리의 첫 번째 지침은 배신의 흔적을 만들지 않는 것이다. 이미 말한 것처럼 모든 회사는 오래 함께할 충성심 있는 사람을 원한다. 한번 구겨진 종이는 아무리 다림질을 해도 반드시 표가 나고, 아주 작은 힘에도 쉽게 구겨진다. 배신의 흔적도 구겨진 종이와 같아서 배신의 경험이 있는 사람은 기회가 생기면 또다시 배신할 가능성이 있다고 회사는 판단한다.

흔히 배신은 인성의 문제라고 생각하지만 나는 배신도 습성이라고 생각한다. 일반적으로 배신의 습성이 몸에 밴 사람은 무책임하다. 회사에도 무책임하겠지만 실제로는 자기 자신에 대해서도 무책임하다. 1~2년 이하의 짧은 근무 기간은 어떤 이유에서도 자신과 자신이 몸담았던 조직에 대한 무책임한 행동이다. 무책임하기 때문에 함께 오래 할 마음도 없이 아무 조직에나 쉽게 들어갈 수 있는 것이다. 아니다 싶으면 언제라도 그만두면 그만이라는 생각으로 말이다.

일머리를
키워라

──────────── 나이키의 경쟁상대는 아디다스가 아니라 닌텐도라는 말이 있다. 이유는 간단하다. 닌텐도 게임에 빠져 외출하지 않는 사람이 많아질수록 나이키 운동화가 덜 팔리기 때문이다. 바야흐로 동종업계와 경쟁하는 시대는 지났다.

현대의 기술력은 기존의 사고방식에 머물러 있어서는 절대 생각조차 할 수 없는 수많은 개념들의 조합으로 커다란 변화를 만들고 있다.

최근 가장 이슈가 되는 4차 산업혁명 또한 공유와 융합이 핵심이다. 기술의 융합을 통해 수많은 새로운 제품군이 탄생했다. 센서를 통한 빅데이터와 비이오 기술이 결합해서 건강관리에 도움이 되는 서비스가 등장했으며, 빅데이터와 인공지능의 융합에 로봇 기술을 조합함으로써 많은 분야에서 새로운 서비스를 제공할 것이라는 전망이다. 기존에 있던 것들을 새로운 관점으로 분석하고 조합하려는 시도에서도 다양한 성공적인 결과들이 나타났다. 이럴 때일수록 사소한 것이라도 새로운 시각으로 보려는 노력을 경주해야 한다. 눈앞의 머그컵 하나라도 상하좌우 어디에서 보느냐에 따라 달라지는 거 아닌가.

핵심을 파악하는 능력

공부와 일은 다르다. 공부는 과거에 결정된 내용을 익히는 것을 주요 목적으로 한다. 공부를 잘하는 사람은 과거의 검증된 사항과 약속된 내용을 잘 이해하고 확실한 사실을 명확히 기억하는 특징이 있어서 그런지 융통성이 부족해 보이기도 한다. 공부란 어찌 보면 고여 있는 연못에서 낚시를 하는 일과 같다. 반면 일은 유동적이고 변수가 많다. 비유하자면 흐르는 물에서 고기를 잡는 것이다. 상대가 누구인가, 환경이 어떠한가에 따라서 일하는 방식이 천양지차가 된다.

물의 흐름을 정확히 읽어내야 하고 융통성마저 필요한 것이 일이다. 일에서는 정답보다는 그에 따른 상황에서의 최적 안을 제시하는 것이 중요하다. 때문에 학교에서 배운 지식이나 경험이 걸림돌이 될 수도 있다. 더구나 일은 혼자서 하는 경우가 극히 드물다. 그것이 프로세스 지향적인 일이 아니라 태스크 지향적인 일이어도 최소한 상대하는 고객은 존재하기 때문이다. 처음부터 끝까지 혼자서 하는 일은 거의 없다고 봐도 무방하다. 타인과 보조를 맞추어야 하기 때문에 자기만 잘한다고 되는 것도 아니다. 그렇다면 일을 잘한다는 것은 무엇일까. 나는 취업준비생들에게 틈만 나면 이런 질문을 던진다.

"직장에서 일 잘한다는 것은 무얼까?"

직장 생활을 경험하지 못한 그들에게서 돌아오는 대답은 대개 이렇다. 그래서인지 그들의 취업 준비도 이런 부분에 맞추어져 있는 경우가 대부분이다.

"기획서 같은 문서를 잘 만들고,
슬라이드 자료 같은 걸 보기 좋게 만들어 프리젠테이션하고,
컴퓨터를 잘 다루고,
외국의 바이어와 능숙하게 대화를 하는 것 아닌가요?"

이런 그들의 대답에 나는 어떤 반응을 보일 것 같은가? 우선

좀 걱정스럽다. 잘못된 우선순위를 가지고 있기 때문이다. 이들의 관점이 완전히 틀렸다고 할 수는 없지만 뭔가가 빠져 있는 느낌이다. 이 친구들의 대답은 모두 기술적인 측면에 한정되어 있다. 일할 때 필요한 도구를 잘 활용하는 수준이랄까. 대부분 회사에서는 입사 지원자들에게 그다지 높은 수준의 업무 기술을 원하지 않는다. 부가가치를 생산하는 일과 다소 거리가 있을뿐더러 상당수는 어차피 다시 배워야 할 테니 말이다.

회사에서 원하는 것은 높은 부가가치를 창출하는 것이다. 원하는 성과가 나올 수 있도록 그 과정을 통제하고 리드하는 것이 바로 일을 잘하는 비결이다. 가치를 생산하는 사람은 그 일의 목표를 분명하게 이해한다. 그리고 성과 지향적이며 욕심이 있다. 단적인 예로, 원가 의식에 투철해서 비용을 줄이고 일정을 단축할 방안을 찾는다. 그렇게 하기 위해 솔선수범하며 시장과 고객의 변화에 예민하다. 업무의 기술적인 건 그다음 문제다.

회사가 원하는 업무 능력이란 것은 다음과 같이 요약된다.

- 업무 과제의 핵심을 파악할 것
- 이를 목표에 맞게 실천적으로 수행할 것
- 일의 과정과 결과를 보고할 것

정말 아무것도 아닌 듯 보여도 직장 내에서의 업무는 이 과정을 반복한다. 저걸 못할까 싶지만 이 단순한 걸 잘하는 사람이 드물다.

단연코 중요한 건 바로 첫 단계인 일의 핵심을 파악하는 것이다. 핵심 파악은 상대의 말을 잘 듣는 것에서 시작된다. 말귀를 못 알아듣는 사람과 일을 하면 같은 일인데도 여러 차례 수정해야 하는 경우가 생긴다. 말귀를 못 알아듣고 엉뚱한 소리를 늘어놓는 사람을 보면 하려는 의지가 없거나 그 일을 수행할 능력이 없는 경우다. 하려는 의지가 없다는 건 그렇다 치고, 말귀를 못 알아듣는다는 건 실제로 업무를 수행할 능력 자체가 없다는 말이기도 하다.

업무가 진행되는 과정에는 보고도 상당히 중요하다. 간혹 이것을 빼먹거나 엉성하게 어물쩍 넘어가려는 사람들이 있는데, 회사란 일이 기획되고 진행되고 평가되는 곳이다. 반드시 사전 보고, 중간 보고, 사후 보고의 체계가 잡혀 있다. 이건 단순히 정보 공유의 차원이 아님을 명심하라. 보고하는 것만으로도 맡은 업무에 관해 얼마나 핵심을 파악하고 있는지 드러난다. 상사에게 보고할 때는 일의 전 과정을 행동 지향과 성과 중심으로 짧고 간략하게 해야 한다.

모든 일에는 순서가 있다. 일의 순서는 각각의 중요도를 파악하는 데서 정해진다. 일의 전후는 인과관계를 밝히는 절대적 기준이 될 것이다. 일의 중요도를 생각함으로써 보다 효율적인 일의 순서를 정하고, 일의 전후를 살펴 인과관계를 확실하게 밝혀내는 일련의 행동은 주어진 이슈에 대한 핵심을 파악하는 과정에서 자연스럽게 이루어진다. 일머리가 없다고 해서 전반적으로 머리가 나쁘다고 단정할 수는 없지만 능력 있는 사람으로 대접받지는 못한다.

무엇보다, 일하기 위해 모인 조직에서 중요한 능력은 상대의 요점을 최대한 빨리 파악하고 본인이 진행한 일의 결론을 신속하고 정확하게 말하는 것이다. 회사는 친목 단체가 아니라 부가가치를 창출해야 하는 목적 지향적인 조직이다.

어떻게
일할
것인가?

──────────── 무엇을 할 것인가도 중요하지만 더 중요한 건 '어떻게 할 것인가'이다. 직업에 대한 기준으로 가장 특징적인 것은 일을 통한 가치 창출의 기회를 갖는 것이다. 일을 통해 자기계발을 하고 조직에 기여한다. 일이 있는 현장에서 배우고 자기 가치를 상승시킨다. 어떤 일을 하느냐를 고민하는 것 이상으로 그 일을 어떻게 할 것인가를 연구하고 더 효율적인 방법을 취하는 과정에서 자신의 가치가 상승한다.

앞서 언급했던 업무 의사소통 능력을 기르기 위해서 '메모-반문-질문'의 프로세스를 거치는 훈련이 필요하다.

가령, 지시받은 내용을 수첩에 메모한 후, 듣고 이해한 것을 정리해서 되묻는 것이다. "제가 이렇게 하면 되겠습니까?" 반문하기 위해서는 상대가 나에게 전달하려고 한 핵심을 정리해서 요약해야 한다. 반문을 함으로써 본인도 상대가 나에게 전달하고자 했던 핵심이 잘 전달되었는지 확인할 수 있다. 그런 다음 상대가 놓친 부분을 질문하는 것이다. 업무를 지시하고 언제까지 하라는 것 등이 빠져 있다면 "그러면 제가 이 일을 언제까지 하면 되겠습니까?"라고 질문하는 것이다. 반복적으로 하다 보면 핵심을 파악하는 데에도 상당한 도움이 될 것이다.

직장 생활은 전적으로 문제 해결의 과정이라 할 수 있다. 시시각각 문제가 발생한다. 나는 그 문제를 해결하기 위해 입사한 것이다. 매번 발생하는 문제의 상황도 다르고, 대응해야 할 상대로 바뀐다. 정답이 있는 건 더구나 아니다. 하지만 문제를 어떻게 해결하느냐에 따라 일의 결과가 달라진다. 기업에서 문제 해결 능력이 있는 사람을 채용하려는 건 이 때문이다.

합리적인 문제 해결 능력

사회생활을 하려는 사람이라면 합리적인 문제 해결 능력을 갖추어야 한다. 먼저 문제란 '바람직한 목표와 현재와의 차이'와 '목표와 예측한 결과와의 차이'로 파악할 수 있다. 간단하

〈문제 해결 과정의 4단계〉

단계	예시
1단계. 문제(상황 또는 목표) 파악	거래처가 우리 회사에 대한 불만을 가졌는가? 혹시 다른 경쟁사가 붙었는가? → 경쟁사가 접촉하고 있다. 그런데 담당 영업 사원인 나는 모르고 있었다.
2단계. 문제점(목표와의 차이) 파악	거래처의 불만이나 우리가 경쟁사보다 못한 부분이 무엇인가? → 가격이 문제다.
3단계. 대안 마련	가격 문제를 해결할 방안은 무엇인가? → 우리 회사 공급가에 문제가 있는지 파악한다. → 경쟁사가 제시한 가격을 파악해 그 이하로 가격 할인을 제시한다. → 우리 회사의 비슷한 제품 중 가격이 싼 제품을 소개한다. → 우리 회사의 공급가가 합리적임을 설명하고 설득한다.
4단계. 최적의 대안 선택	문제와 문제점을 파악하는 과정에서 우리 회사보다 싼 공급가를 제시한 경쟁사가 나타났다. 그러나 우리 회사의 공급가는 적절하다. 경쟁사 제품의 품질이 현저히 떨어진다는 사실이 객관적으로 증빙된 자료가 있으니 그것을 바탕으로 설득한다. 그 거래처는 품질 또한 중요하게 생각하기 때문이다. 이 일이 벌어진 것은 담당 영업 사원인 내가 거래처를 자주 방문하여 허심탄회하게 이야기하는 과정이 부족했기에 발생한 것이다. 앞으로는 개인적으로 친밀해질 수 있는 자리를 많이 만들겠다.

게 말해서 이 차이를 좁히거나 없애는 것이 문제 해결 과정이다. 나는 이것을 4단계로 나누고 구체적인 답을 제시하면서 해결책을 찾는다. 문제 파악, 문제점 파악, 대안 마련, 최적의 대안 선택이 바로 그것이다.

여러 가지 문제 상황을 설정해 놓고 이 프로세스에 대입하는 훈련을 해보자. 깊이 생각하고 해결책을 찾는 과정에서 문제를 해결하는 능력이 강화될 것이다. 채용 면접 시, 면접관에게 갑작스러운 문제 해결 질문을 받았을 때도 당황하지 말고 이 프로세스를 따라 차근차근 답변하면 효과적일 것이다.

문제를 해결하는 데 있어서는 앞서 말했듯 핵심을 파악하는 일이 우선되어야 함은 말할 것도 없다. 핵심을 파악하고 문제를 해결하는 능력이 배양되면 실로 엄청난 업무 성과와 이어진다. 짧은 시간에도 더 큰 성과를 얻을 수 있다. 이런 사람을 기업에선 인재라고 부른다.

핵심을 파악하는 능력은 시간 활용능력으로도 이어진다. 우리가 이 세상을 살아감에 있어 가장 공평한 조건은 시간뿐이다. 하루 24시간이라는 시간은 언제나 누구에게나 똑같이 주어지기 때문이다. 다만 그 시간을 어떻게 사용하느냐는 사람마다 다르다. 똑같은 시간이라 할지라도 더 많은 일을 처리할 수 있는 사람과 그렇지 못한 사람이 있다.

시간 활용도는 핵심 파악 능력에 비례한다. 핵심을 파악하는 능력이 떨어지면 같은 일을 해도 시간이 오래 걸릴 수밖에 없다. 남보다 긴 시간을 투자하고도 이렇다 할 성과를 내지 못하는 경우가 대부분이다. 공부도 마찬가지 아닌가. 핵심만 제대로 파악하고 있으면 적은 시간 투자하고도 좋은 성적을 낸다.

한국 사회는 아직 인재 중심의 사회로 변화하지 못했다고 생각한다. 그래서인지 스타플레이어가 드물다. 과거에는 종업원 숫자가 많을수록 큰 기업 그리고 수익이 많은 기업으로 인정했다. 하지만 지금은 어떤 인재들이 있느냐 또는 없느냐가 기업 승패를 좌우한다. 개인기 위주로 성장할 수 있는 야구, 축구, 골프 등의 스포츠 분야와는 또 다른 전문분야에서 스타플레이어가 탄생해야 한다. 즉 머릿수보다는 머릿속이 중요한 시대다.

나폴레옹은 남들이 생각하는 곳이 아닌 의외의 지점을 선택해 공략하는 것으로 유명했다. 전쟁이 끝나서야 그의 선택이 얼마나 탁월했는지가 드러나곤 했는데, 그 이전엔 아무도 그가 선택했던 고지를 거들떠보지도 않았다. 남들이 보지 못하는 것을 보고 남들이 생각하지 못하는 것까지 생각할 수 있는 능력을 가졌던 것이다.

나폴레옹처럼 특별하지는 않지만 일반적인 사람들도 문제해결을 위해 몰입하다 보면 다른 사람의 눈에는 보이지 않는 것이 보일 때가 있다. 어떻게 하느냐에 따라 세상이 달리 보이

는 것이다. '1만 시간의 법칙'이라는 것도 있지 않은가. 앞서
제시한 방법들을 꾸준히 실천하다 보면 전혀 특별해 보이지
않는 당신도 남들이 부러워할 만한 특별한 결과를 만들 수 있
을 것이다. 차별화의 전략이란 결국 몰입과 꾸준함이다.

How to
메모하는 습관으로 핵심 파악 요령 키우기

메모는 핵심을 파악하는 능력을 키우기에 매우 적절하고 유용한 습관
이다. 회의를 할 때나 책이나 신문을 읽으며 새로운 정보를 입수할 때는
반드시 메모하는 습관을 들이자. 단 그대로 베껴 쓰는 것은 의미가 없
다. 그대로 베껴서 하나도 빼놓지 않고 기록하는 것이 목적이라면 차라
리 녹음을 하거나 캡쳐나 카피를 하는 편이 효율적이다.

　메모를 할 때는 핵심을 파악해 나에게 필요한 요점만 정리해서 쓰는
것이 요령이다. 보기 좋은 글씨체로 정갈하게 메모할 수 있다면 더할 나
위 없겠지만 글씨체나 보여지는 정갈함에 너무 신경을 쓰지 않아도 좋
다. 오히려 신경을 써야 할 것은 내용의 정갈함이다. 핵심 없이 중구난방
으로 메모하지 않도록 유의한다.

회사는
나에게 맞춰
움직이지
않는다

——————————— "물론 입사한다는 가정하에서겠지만, 나는 여러분들이 부서에 배치되었을 때 부서원들과의 조화는 어떻게 될까 하는 걸 우선 생각하게 됩니다."

면접을 볼 때마다 늘 하는 이야기다.

일단 모든 기업의 오너나 임원은 처음 들어온 사람이니 적응을 잘할 것인지가 궁금하고 그다음은 이 사람으로 해서 시너지가 날 수 있을까에 관심을 둔다. 크건 작건, 기업은 새로운 사람을 통해서 미래를 보려고 한다.

미래를 예측하기 위해서 자기소개서나 이력서 같은 것도 필요한 법이니까. 그리고 이때 강조하는 말이 "여러분이 어떻게 살아왔느냐가 중요한 게 아니라 앞으로 우리와 함께할 미래가 중요합니다."이다.

입장을 바꿔놓고 생각해보자. 면접관은 회사를 대표하는 임원급일 것이다. 대부분 기혼자일 것이며, 아이도 있을 것이다. 중년의 나이로 회사에서 어느 정도 인정을 받는 사람일 것이다. 어쩌면 한 분야에 정통한 사람일 수도 있다. 이런 사람은 신입사원에게 어떤 걸 바랄까? 사장이란 직책에 있는 사람은 어떤 생각을 할까? 만약 내가 사장이라면 어떤 사원을 뽑고 싶을까? 입장을 바꾸어 생각한다고 하지만 우리는 언제나 내 입장만을 고수하려는 습성이 있다. 나의 현재 모습도 알아야 하지만, 취업을 하려면 그리고 사회생활을 제대로 하려면 상대도 알아야 한다. 나와 상대를 안다는 건 상호 간의 성장을 도모하기 위해서 상당히 중요한 일이다.

보통 태도에서부터 드러난다. 태도는 과거의 도서관이며 현재의 대변인이고 미래의 예언가다. 말이 좀 거창해진 것 같은데, 태도에 그 사람의 대부분이 녹아 있다는 의미다. 요즘은 취업 준비를 하며 면접까지도 대비해 오니 구직자의 태도를 정확히 파악하기 꽤 힘들다. 하지만 회사 역시 최대한 정상적이지 않은 상황까지 예시해 가며 이 사람의 인성을 보려고 상당히 노력한다. 회사에 들어온 이상 우리는 함께 가야 하기 때문이다.

상대가 원하는 것을 줄 수 있어야

비판만큼 효과 없는 설득수단은 없다. 비판은 상대를 방어적 위치에 서게 만들고, 비판자로부터 자신을 정당하게 보호하기 위하여 안간힘을 쓰게 만든다. 논쟁에서 이기는 단 한 가지 방법은 논쟁을 하지 않는 것이다. 꿀 한 방울이 쓸개즙보다 더 많은 파리를 잡는다고 하지 않던가. 이를 아는 이는 우호적인 행동이 가져오는 힘을 터득한 사람이다.

한동안 열정적으로 일을 해오다가 급브레이크가 걸린 듯 매사에 의욕이 사라진 때가 있었다. 주변의 권유도 있고 해서 마라톤을 시작했다. 군대를 제대한 이후 1km도 뛰어본 적이 없는 나로서는 막연한 두려움도 있었다. 이런 순간에도 난 좀 낙천적인 기질인가 보다. 대회 참가 신청서를 내고 준비하면 되겠지 하고 약 3주 정도 퇴근 후나 주말을 이용해 학교 운동장을 뛰었다. 그동안 회사 일의 답답함으로 특별히 즐거운 일이 없었는데, 연습이랍시고 땀을 흘리고 나니 개운했다. 씻고 나면 숙면까지 취할 수 있어 좋았다. 더구나 처음 공식 대회에 참가했건만 예상보다도 짧은 시간에 완주할 수 있었다.

레이스에 참가하는 동안 '왜 인생이 마라톤에 비유되는가'라는 질문의 해답이 떠오르기도 했다. 그것은 바로 '성취감'이었다. 그 이후로 매년 봄가을에는 리프레쉬 차원에서 뛰고 있다. 풀코스는 아니어도 쉬지 않고 10km를 뛴다는 것이 은근히 부담되기도 했다. 그러나 포기하고 싶은 유혹을 극복하고 완주했을 때의 성취감은 무엇과도 바꿀 수 없었다. 완주의 성취감도 좋지만 유혹을 극복했다는 점에서 더 만족스러웠다.

알다시피 '토끼와 거북이 이야기'에 나오는 토끼는 거북이에게 진 전력이 있다. 그 다음 어떻게 됐을까? 첫 번째 시합의 패인을 분석한 토끼는 반드시 이긴다는 확신을 갖고 쉬지 않고 뛰어서 승리했다. 재경기에서 진 거북이도 포기하지 않고, 새로운 경주코스에서 다시 시합할 것을 요구했다. 대신 새로운 경주코스에는 강을 건너는 코스가 새롭게 추가되었다. 기존의 코스로는 도저히 이길 수 없다고 판단한 거북이가 새로운 전략을 세운 것이다. 토끼는 강물 앞에서 주저할 수밖에 없었고 거북이는 유유히 헤엄쳐가 새로운 시합에서 승리했다.

서로의 장점을 파악한 토끼와 거북이는 다른 동물들과의 경주에도 참여했다. 육지에서는 속도가 빠른 토끼가 거북이를 업고 뛰고, 강에서는 거북이가 토끼를 업고 뛰는 상호협력 전략을 펼친 것이다. 물론 둘은 이와 같은 혁신적인 전략을 앞세워 다른 동물들과의 경주에서도 보기 좋게 승리할 수 있었다.

이 우화를 통해 내가 하고 싶은 이야기는 다음과 같다.

첫째, 정보화 사회에서는 느리고 꾸준한 사람이 빠르고 일관된 사람을 결코 이길 수 없다.

둘째, 치열한 경쟁관계에서 확실히 승리하기 위해서는 경쟁보다는 자신의 핵심역량과 비교우위를 키워서 이를 시장에서 충분히 활용하는 것이 더욱 효과적이다.

셋째, 상생 전략을 기반으로 한 기업 간 파트너십이 경쟁력 극대화의 중요한 방법이다.

어떤 기업이든 여러 단계와 부서가 있으면 그 사이에 알력과 갈등이 발생하기 마련이다. 공동의 목표를 향해 함께 모여 일하는 곳이기 때문이다. 다른 사람과 함께 하기 위해서 반드시 필요한 것은 신뢰와 팀워크다. 믿을 수 있고 조직에 잘 융화되는 사람을 원하는 것은 그러므로 기업의 숙명일지 모른다. 이런 공간에서 갈등과 비판이 누적되다 보면 개인도 치명상을 입게 된다.

기업이 이윤을 추구하는 조직임에는 분명하지만 그렇다고 돈에 목숨을 거는 냉혈한이 되어선 안 된다. 함께 어우러지는 사회가 바람직한 것처럼 직장도 타인의 마음을 헤아릴 줄 아는 사람을 원한다. 이럴 때 필요한 것이 바로 공감 능력이다. 공감할 수 있는 능력은 조직 생활의 필수요소다. 연구 결과에 따르면, 공감은 숭고한 가치일 뿐 아니라 현실적으로도 유용한 성공의 무기이다. 공감 능력이 뛰어난 사람은 좋은 인간관계를 형성하고 더 나은 정보를 수집할 수 있으며, 고객들이 진정으로 원하는 것을 제공함으로써 높은 성취를 얻는다는 객관적인 자료가 이미 많다.

가령, 신규사업의 경우 단순히 돈을 벌려는 목적으로 달려들었을 때는 대부분 실패한다. 고객의 입장에서 나를 돈벌이의 대상으로 여기는 기업을 누가 좋아하겠는가? 고객의 불편사항을 발견하려 애쓰고 이를 해소하기 위해 최선을 다하는 모습이 비즈니스의 전부가 되어야 한다. 좀 늦은 듯 보이고 어쩐지 답답해 보여도 성공의 여신은 이런 것에 매력을 느낀다. 성공을 따르는 게 아니라 성공이 따르게 하는 길을 걷자. 누구든 진심으로 도와주려는 사람을 좋아하기 마련이다. 이때 가격은 누구에게도 중요하지 않다. 가격에 비해 가치가 더 우월하기 때문이다.

명심하라. 상대가 원하는 것을 줄 수 있어야 나 자신도 얻을 수 있다.

역지사지는
21세기형
생존 전략

─────────────────── 대학생 멘토링 프로그램에서
'역지사지易地思之'를 주제로 역할극을 한 적이 있다. 다른 사
람을 이해하기가 매우 어려우며, 그런만큼 상대방을 제대로
알려고 노력할 필요가 있다는 것을 깨닫게 하려는 취지에서
였다. 우선 팀별로 각각 갈등을 빚는 상황과 역할을 선정했다.
이때 중요한 것은 역할을 설정할 때 그 역할이 어떤 이력을 가
졌는지에 대해서 상세히 분석하는 것이었다. 예를 들어, '아버
지'라면 나이와 학력, 성격, 가치관, 트라우마 등 아버지를 이
루는 세세한 환경적 요소를 설정하고, 그런 프로필에 기초하
여 역할을 수행하도록 했다.

첫 번째 팀은 회사의 상사와 인턴 간의 갈등을 다루었다. 상사는 자신과 약속한 시간에 1, 2분만 늦어도 전화로 심하게 독촉을 하고 인턴은 1, 2분에 목숨을 거는 상사의 행동을 이해할 수 없어서 매번 스트레스를 받는 상황이었다. 두 번째 팀은 친구들과 만날 때마다 집에 늦게 들어오는 딸을 이해하지 못하는 아버지와 보수적이고 엄격한 아버지에 대한 불만이 가득한 딸의 갈등상황이었다.

전문 연출과 배우가 아니므로 섬세한 상황과 연기를 기대하기 어려웠지만 우리가 원하던 것은 충분히 얻었다는 생각이다. 역지사지의 핵심은 상대방이 되어 보는 것이다. 나와 갈등을 겪는 상대의 내면을 이해하고 그 마음이 되어 본다면 해결할 방법을 찾는 건 그리 어렵지 않다. 입장을 바꾸어 보면 꽁꽁 얼어있는 것 같던 마음도 풀리게 되는 것이다.

입장 바꿔 생각해봐!

우리는 살면서 입장을 바꾸어 생각해 봐야 할 때를 자주 만난다. 다음은 여느 기업에서나 볼 수 있는 사례다.

직접 소비자를 상대해서 물건을 팔아야 하는 영업부에서는 "제대로 된 물건을 만들어줘야 팔든지 말든지 할 거 아냐!"라고 불만을 늘어놓고, 개발팀에서는 "경쟁자보다도 먼저 이만한 가격에 이만한 성능의 제품을 만들어 주었으면 됐지! 저희들이 마케팅을 제대로 못 한다는 생각은 않고 맨날 우리 탓만 하고 있어!"라며 핏대를 세운다. AS팀이라고 가만 있을 리 없다. "도대체 물건을 어떻게 만들었기에 허구한 날 고장 신고가 들어오는 거야!"라고 생산부서에 화살을 돌리고, 생산부서는 생산부서대로 "우리는 설계도에 맞게 하라는 대로 했을 뿐인데 무슨 소리야!"라며 맞대응을 한다.

'제 눈에 안경'이란 말대로, 사람들은 누구나 색안경을 끼고 세상을 바라본다. 사물을 있는 그대로 보는 게 아니라 자기가 보고 싶은 만큼 보고 아는 만큼 느낀다. 역사적으로 아무리 가치 있는 유물이라 해도 그것을 관람하는 사람에게 아무런 사전 지식이 없다면 유리관 속에 있는 녹슨 청동에 불과한 것 아닌가. 따라서 우리는 가능한 다양한 각도에서 전체를 보려는 노력을 기울여야 한다. 물론 다 아는 얘기지만 막상 닥치고 나면 색안경을 벗기가 참 어렵다.

이럴 땐 정말 이렇게 이야기하고 싶어진다. 기획부서와 판매부서의 책임자를 바꿔놓고, 판매하던 사람에게는 "지금까지 소비자를 많이 상대했으니 니즈를 잘 파악하고 있을 거 아니야, 그런 경험과 노하우로 새로운 제품을 기획해 보라고!" 그리고 기획부서 사람에게는 "앉아 있지만 말고 시장에 나가서 소비자들에게 물건을 팔아보라니까!"라고 말이다. 실행에 옮기는 건 쉽지 않아도 아마 효과가 전혀 없지는 않을 것이다.

대인관계에서 꼬인 게 있다면 결국 역지사지를 통해 해결하는 게 가장 현명하다. 하지만 실제로는 말처럼 잘 되지 않는 것이 또 입장을 바꿔보는 거다.

최근 몇 년간 패션전문사전에 등재된 용어 중에 'TPO'라는 게 있다. TPO란 '시간Time, 장소Place, 상황Occasion'의 머리글자로, 옷을 입을 때 반드시 이 3가지 요소를 고려해야 함을 강조하고자 생긴 말이라고 한다. 이것을 직장 생활에 맞게 재구성하면 '시간과 장소, 상황에 맞게 행동한다'는 의미를 갖게 된다. 말하자면 TPO는 배려의 다른 이름인 것이다. 상대의 기분을 배려하고 상황에 맞는 격식을 갖출 때 그에 걸맞은 마음가짐도 함께 생겨나는 법이니 역지사지의 다른 표현이라고 할 수도 있겠다.

우리 회사에는 일을 매우 꼼꼼하게 처리하며 누구보다 열심히 하는 직원이 있었다. 회의록 작성을 맡기면 이 직원은 회의 때 오간 이야기를 작은 숨소리 하나까지도 놓치지 않을 정도로 매우 상세히 기록했다. 깨알 같은 글씨로 주말까지 반납해가며 실로 엄청난 분량의 자료를 만들어 오곤 했던 것이다. 그러나 미안하게도 그렇게 공들인 결과물이 만족스럽지 못했다. 이유는 단 하나! 보고서를 읽는 사람을 충분히 배려하지 않았기 때문이다.

　회의록을 보고받는 입장의 사람은 대개가 각종 회의나 외부 미팅 등 일에 쫓겨 살다시피 하게 마련이다. 한자리에 앉아 두 꺼운 보고서를 차분히 들여다볼 여유가 없다. 그는 이 점을 간 과했다. 회의록을 작성하는 이유는 결정권자로 하여금 단박에 회의의 핵심을 파악하게 함으로써 빠르게 결정을 내릴 수 있 도록 도우려는 목적에서이다. 회의의 목적과 안건, 결정내용, 향후계획 등을 간추려서 보고하는 게 합당하다. 그의 노력은 칭찬받을 만했지만, 그의 능력엔 물음표를 달 수밖에 없는 이 유다.

　보고서 대신 메신저나 문자로 보고를 할 때도 상대를 배려 하는 마음이 필요하다. 화면이 작은 휴대전화로 메시지를 적 을 때는 내용이 길어지면 전혀 엉뚱한 곳에서 띄어쓰기가 되 곤 하는데, 보낼 때는 제대로 작성한 것 같아도 막상 받아보면 문맥이 이상하게 뒤바뀌어 있는 경우도 흔하다. 더욱이 작은 글씨로 길게 늘어진 문장을 읽다 보면 왠지 모르게 어수선한 느낌이 들기도 한다. 문장이 길어질 것 같으면 중간에 끝을 맺 고 간결한 문장 몇 개로 나누어 쓰는 게 좋다. 더 이상 줄일 수 없는 긴 문장이지만 메시지의 내용이 중요하다면 먼저 자신에 게 문자를 보내서 상대에서 어떻게 전달되는지 미리 확인하는 것도 한 방법이다.

고수는
시간
관리에서
드러난다

어릴 때 삼국지를 읽으며 초야에 있었음에도 제갈공명은 어떻게 그런 방대한 지식과 지혜를 갖출 수 있었을까 의아했던 적이 있다. 그는 어딘가 존재할지도 모르는 세상의 이치를 터득한 것이 분명했다. 언제나 내가 관심을 갖는 것은 지식이 아니라 지혜다. 남들이 하는 만큼 했을 때 얻을 수 있는 지식이 아니라 남들과 비교할 수 없는 어떤 경지와도 같은 그런 지혜 말이다. 차별성은 지식보다 지혜를 발휘할 때 더욱 두드러진다.

이렇듯 공명 같은 사람은 초야에 묻혀 있는 동안에도 세상이 어떻게 흘러가는지를 알았다고 한다. 공명처럼 몇 수 앞을 내다보는 사람을 고수라고 부른다. 우리는 과연 자신이 당면한 일을 몇 수 앞까지 내다볼 수 있는가? 무협지 같은 얘기지만, 내가 보기에 이런 고수들은 현대 사회에도 존재한다. 단, 현대의 고수들은 하나 같이 시간 관리에 철저하다.

누구에게나 똑같이 하루는 24시간이다. 1분 1초도 더 가진 사람이 없고 덜 가진 사람이 없다. 그러나 시간이 이렇게 공평한 것처럼 보이지만 실제로는 그렇지 않다. 하루의 시작을 어떻게 하느냐에 따라 24시간을 48시간처럼 사는 사람도 있고, 3시간도 못 사는 사람이 있다.

무한경쟁의 시대란 말을 증명하듯 이젠 살아남는 것 자체가 힘들어졌다. 이런 상황에서 살아남기 위해서는 시간 관리가 필수다. 매일 계획하고 반성하고 정리하는 습관을 들여야 한다. 매일, 매주, 매월 단위별로 시간을 분류한 다음 최소한 한 달에 한 번이라도 지난 일들을 놓고 점검하도록 하자. '이 일을 위해 정말 이만큼의 시간이 필요했는가?', '방법을 바꾸었더라면 더 효율적이지 않았을까?' 혹은 '같은 방법이더라도 더 좋은 결과를 가져오게 할 수는 없었을까?' 등. 시간 활용에 관한 철저한 자기 분석을 통해 시행착오를 줄여야 한다.

동일한 조건에서는 먼저 시작하는 것이 유리하다는 것을 우리는 이미 안다. 그러나 여기에도 최소한의 테크닉이 필요하다. 사전 검토에 너무 공을 들인 나머지 착수하기 전부터 과도

하게 힘이 소진되어 정작 실전에서는 추진력을 잃게 되는 경우를 여러 번 보았을 것이다. '뛰면서 생각하자'라는 말이 있지 않은가. 남보다 먼저 실행에 옮기되 일이 진행되는 동안 필요에 따라 궤도를 수정하는 방식이 현대 사회의 역동적인 업무 패턴에는 훨씬 더 적합하다. 한 번 더 강조한다. '뛰면서 생각하자.'

눈여겨보아야 할 점은 24시간이라는 동일한 물리적 조건이 곧 동일한 결과와 가치로 연결될 가능성은 희박하다는 사실이다. 시간에만 한정되는 게 아니다. 경제활동뿐 아니라 인생 전반에 걸쳐 살펴볼 때, 모든 좋은 조건이 모든 긍정적 결과로 귀결되지는 않는다. 애석하게도 조건이란 최소한의 전제에 지나지 않는다.

급한 일이 우선순위인가?

실례로, 급한 일에 시간의 대부분을 소모하고 그것이 우선순위라고 착각하는 경우가 허다하다. 이렇게 하면 결국 남는 것도 없고 남과의 차별성도 사라진다. 모든 업무처리는 급한 일보다는 중요한 일에 방점을 두어야 한다. 항상 당장 급한 일에 시달리는 사람이 있다. 그는 이렇게 생각한다. '이 일만 마무리하고 나서 미래를 위해 중요한 일을 해야지.' 그런데 이런 사람들은 왜 늘 당장의 급한 일에서 벗어나지 못하는 걸까? 결국 중요하다고 판단되는 일은 영원한 후순위가 되고 만다. 이는 엄청난 손실과 연결된다. 당면한 과제에 급급한 사람이라면 그는 분명 초보다. 웃음을 짓고 있을지 모르겠다. 하지만 이건 결코 남의 일이 아니다.

문제는 시간의 안배이다. 업무 실적뿐 아니라 인생 설계도 마찬가지다. 최종 목표를 염두에 두고 꾸준히 자기계발을 해야 한다. 그런데 이게 어디 말처럼 그리 쉬운가. 야근도 해야 하고, 회식 자리에도 참석해야 하고. 직장인들에겐 퇴근 후의 제약이 많다. 이런 고민을 하는 사람에게 나는 새벽 시간을 활용하라는 조언을 건넨다. 달리 시간을 낼 방법이 없기도 하겠거니와 이 시간을 이용한 이들의 성공 사례를 무수히 보아 왔기 때문이기도 하다.

무엇보다 큰 틀에서 미래를 설계하고 중요하다고 여겨지는 것을 선별해야 한다. 이건 자신의 인생과 맡은 바 업무 모두에 통용된다. 자신이 좋아하는 일을 할 때는 집중력이 높아지고 쉽게 몰입할 수 있지만, 의무감 때문에 처리해야 하는 일은 고달픈 노동이 되지 않던가. 일단 그 일을 좋아해야 하며, 어떤 상황에서도 포기하지 않도록 시간 안배에 각별히 신경 써야 한다. 그것이 식사를 하거나 생리적인 활동을 하는 것처럼 습관이 되어 몸에 배도록 했을 때 이미 우리는 한 사람의 경쟁자는 따돌린 것이다. 가장 이기기 힘들다는 우리 자신 말이다.

요즘은 누구에게 물어봐도 경쟁력의 기본은 스피드라고 대답할 것이다. 속도 경쟁 사회에서 뒤처지지 않고 남들과의 차별성을 유지하며 살아가는 것은 합리적으로 시간을 할애해서 몰두하고 집중하는 길밖에 없다.

앞서 언급했던, 하루를 시작하며 벅찬 가슴으로, 설레는 마음으로 나만의 특별한 리추얼을 준비하자는 건 어떤 대단한 의식을 치르라는 말이 아니다. 화초에 물을 주고, 찬물로 샤워를 하는 이른 아침처럼 매우 사소하고 지극히 개인적인 일일지라도 헛되이 소비해선 안 된다는 말이다. 중요한 것은 어떤 의식을 하느냐가 아니라 어떤 마음으로 그 의식을 치르느냐의 문제라는 취지에서였다.

무엇보다 그날 해야 할 일 중 절대로 순서를 바꾸면 안 되는 일이 있다. 이건 죽어도 해야 하는 것으로 모든 일의 영순위여야 한다. 취업 준비에도 영순위가 있다. 어떻게 할 것인가까지 명확히 정해야 한다. 취업은 꿈이 아니라 목표다.

누구나 꿀 수 있는 꿈과 달리 목표에는 반드시 시작 시점과 완수 시점이라는 납기가 존재한다. 일테면 10년 이내에 3억을 모으겠다는 뚜렷한 실체가 있어야 그것이 목표이듯, 모든 목표에는 시간이란 개념을 빠뜨릴 수 없다. '언제까지'란 게 분명해야 하지만 더 중요한 건 '언제부터'이다. 늦게 시작해서 결과를 보장할 수 없는 사례도 흔하기 때문이다.

오늘 내게 주어진 시간과 관계가 가장 소중한 법이다. 스스로에게 조용히 질문을 던져 보자. 나에게 주어진 시간을 어떻게 쓸 것인가? 그리고 무엇으로 미래에 투자할 것인가? 지혜롭게 시간을 활용할 준비가 되었다면, 이제 우리도 고수가 될 수 있다.

대가 없는 인생은 없다

카이로스Kairos는 기회 또는 특별한 시간을 의미하는 그리스어로, 일반적으로 기회의 신을 뜻한다. 신화는 그를 이렇게 묘사한다. 앞머리는 길고 덥수룩해서 얼굴을 다 가릴 정도지만, 뒷머리는 전혀 없다. 등에 날개가 달려있으며, 양쪽 발목 뒤에도 날개가 돋아있다. 그리고 한 손에는 저울을, 다른 한 손에는 날카로운 칼을 들고 있다. 상징적인 듯 보여도 실제 기회의 모습과 다르지 않다. 누구에게나 공평하지만, 그것을 놓쳤을 땐 위기로 찾아오는 것이 기회의 속성이기 때문이다.

눈앞에 있을 때 우리는 그가 기회인지 아닌지 좀처럼 알아채지 못하는데 기회라는 사실을 알아차리기만 하면 의외로 쉽게 잡을 수 있다. 길고 덥수룩한 머리카락을 움켜쥐면 되는 것이다. 그러나 만일 그가 등을 돌리거나 스쳐 지난다면 잡기가 여간 어려운 게 아니다. 뒷머리가 하나도 없는데다, 한 번 등을 돌리면 등과 발목의 날개를 이용해 날아가 버리기 때문이다. 기회가 날아가 버렸다느니, 기회를 날려버렸다느니 하는 말을 우리도 종종 사용하고 있지 않은가. 그러므로 기회는 반드시 눈앞에 있을 때 잡아야 한다. 눈앞에 기회를 빨리 알아보는 것도 중요하지만 당장 손을 뻗어 낚아채기 위해서는 순발력도 필요하다.

기회를 잡으려면

내 경우, 일을 통해서 자존감이 생겼고 성취감도 생겼으며 미래가 만들어졌다. 나는 정말 현재 하는 일을 더 잘하려고 노력한 그 한 가지에 충실했을 뿐인데, 돌이켜보니 많은 것을 얻게 되었다. 비결이란 것도 없다. 때로 답답함을 느낄 때도 있었지만 지금 하는 일을 좋아하려고 했고 이왕이면 그 일을 잘하려고 했다. 뒤처지지 않으려고 노력하다 보니 그 일을 더욱 잘하게 되었다는 것이 내 성취감의 전부다.

가끔 TV에 나오는 국가대표 선수들을 보면 참 대단하다는 생각이다. '저 자리까지 가려고 남모르게 흘린 땀방울이 얼마나 될까?' 지방을 대표하는 선수들만 해도 그렇다. 그들에겐 보는 사람을 겸허하게 만드는 무언가가 있다. 세상엔 특별한 재능이 있거나 특출하게 공부를 잘하는 사람들이 많지만 나는 우리나라의 작은 한 지방을 대표하는 선수들도 그에 못지않다고 본다. 그들은 자신의 전부를 걸고 올인했던 사람들이다.

새로운 일을 추진할 때면 나도 늘 나의 전부를 걸려고 애쓰는 편이다. 사실 그것 말고는 다른 방법이 없다. 창업 초기 5년 간은 정말 힘들었고, 10년이 되었을 때는 처음으로 돌아가서 다시 시작한다 해도 더 잘할 수는 없겠다고 생각했다. 20년이 지난 근래에 와서는 용케도 잘 살아왔구나 생각하며 가슴을 쓸어내린다. 돌이켜보면, 성실하고 열심히 살았다는 이야기만 큼 든든한 자산도 없는 것 같다.

평범한 월급쟁이였던 내가 사업을 하면서 얻은 소박한 진리 가 있다면 무엇이든 양손을 모두 사용해 줄 수 있는 건 없다는 점이다. 비록 기회의 신은 저울과 칼을 양손에 모두 들고 있지 만, 인간인 이상 우리는 그중 하나는 반드시 놓아야 한다. 또 다른 기회가 왔을 때 놓치지 않으려면 말이다.

기회를 잡으려면 지금 내가 가진 것 중 하나는 반드시 놓아야 한다. 그것도 가장 안정적인 시기에.

바둑에는 '사석작전捨石作戰'이란 게 있다. 가치가 작고 이 득이 없는 돌을 버림으로써 새로운 세력을 구축하거나 다른 실리를 챙기려는 전략을 말한다. 미래에 가치 없는 돌을 아까 워하다 대마를 죽이는 경우를 우리는 자주 목격한다. 작은 욕 심이 결국 대마를 죽이는 꼴이다. 가장 안정적이라고 생각되 는 시기가 바로 한 손에 쥔 것을 버려야 할 때이다.

우리 회사에서도 생존 차원에서 다시 신사업을 추진하기로 했다. 그동안 기업 발굴과 구직자 모집이 핵심역량이었다면 이제 핵심역량을 재검토하고 이를 바탕으로 세상의 흐름을 리드할 수 있는 사업에 승부를 걸 때가 된 것이다. 창업 초기 10년은 아웃소싱 중심의 B2B, 그 후 10년은 취업 지원 사업을 신사업으로 한 공공기관 대상의 B2P 사업에 주력해왔다. 하지만 앞으로 10년은 B2C 사업으로의 전환과 B2B 사업의 심화가 절실하다고 본다. 헤드헌터, 온라인을 기반으로 한 사업효율 개선 및 O2O 사업으로의 변신 등 4차 산업 혁명에 따른 변화에서 동력을 찾아야 한다.

경제적인 관점에서, 안정적인 수익과 큰 수익은 절대 공존할 수 없다. 따라서 안정적인 성장은 있을 수 없다. 안정적이려면 지금 이대로 멈춰 있어야 하는 것 아닌가. 사업가라면 안정적인 현재의 수익 구조를 바꾸어야만 더 큰 수익을 기대할 수 있음을 직감할 때가 있다. 인생을 어느 정도 살아본 사람은 안다. 미래는 늘 불안하고 불투명하다는 것을. 그럼에도 쉬지 않고 미래를 향해 가야 한다는 것도. 결국 모든 성장은 불안정한 상태에서 이루어지며 불안정이 없다면 성장도 없을 것이다.

비우는 손에 무엇이 들었는가

다산 정약용은 유배지에서 큰아들에게 편지를 보냈다. 편지의 내용에는 '세상에는 두 가지 저울이 있다'라는 구절이 포함되어 있다. 다산은 말한다. '하나는 옳은 것과 그른 것을 구분하는 저울이며, 다른 하나는 이익과 손해의 저울이다. 가장 좋은 것은 옳은 것을 지키면서 이익을 얻는 것이며, 두 번째는 옳은 것을 지키다 해를 입는 것이요, 세 번째는 그른 것을 추구하여 이익을 얻는 것이며, 네 번째는 그른 것을 추구하다가 해를 입는 것이다.'

기회의 신 카이로스의 손에 쥐어진 저울이 공정성을 상징한다면 정약용이 언급한 저울은 선택의 문제일 것이다. 어떤 것을 버리고 어떤 것을 취해야 할지 고민했지만 결국 나는 도전을 선택했다. 그것이 옳은 것을 지키면서 이익을 얻는 것인지, 그른 것을 추구하다가 해를 입는 것인지는 중요하지 않았다. 어차피 이번에도 내 성격상 '뛰면서 생각'할 것이다. 우리 회사가 있고 아침마다 출근하는 동료들이 있었기에 결정이 어렵지 않았다.

기회를 위해서 한 손은 늘 비워놓으라고 하니까 좀 엉뚱한 반응들이 돌아올 때가 있다. 요즘 같이 중대한 시기에 '욜로(YOLO; You Only Live Once!의 약자로 인생은 한 번뿐이다 정도를 의미한다)'를 외치며 퇴사를 결심하는 젊은이들도 있다던데, 다시 한번 생각했으면 하는 바람이다. 최근 일과 인생의 균형을 조화롭게 추구하자는 워라밸Work and Life Balance의 가치가 화

두라는 점을 모르는 바는 아니다. 환영할만한 현상임이 분명하다. 그러나 여기서 그치지 않고 인생은 단 한 번뿐YOLO이라며 직장을 그만두는 젊은이들이 날로 늘어난다면 이건 좀 심각하게 받아들여진다.

현실에 적응하기 힘들다고 해서 다른 어딘가로 파랑새를 찾아 떠나는 건 너무 동화적인 발상이지 않을까. 풍선효과라고 했다. 인생의 모든 문제는 하나를 해결하면 어디서건 또 다른 문제가 고개를 들기 마련이다. 직장을 포기함으로써 나의 인생과 가정을 온전히 지킬 수 있다는 뚜렷한 보장도 사실 없지 않은가. 앞서 언급했듯, 카이로스가 등을 돌리는 순간 이미 늦어버린 것처럼 사람에겐 정말 그걸 놓치게 되면 영영 되돌릴 수 없는 시기가 있다.

2500년 전 히포크라테스Hippocrates의 말을 전해주고 싶다. '기회는 달아나기 쉽고, 경험은 정확하지 못하며, 판단은 어렵다.' 여기서 히포크라테스는 기회뿐 아니라 개인의 경험과 판단의 불완전함에 대해 논하고 있다.

이제 내 이야기를 좀 보탠다. 기회가 왔을 때 잡지 못하면 기회는 곧 위기가 된다. 누구나 찾아올 기회를 대비해 한 손을 비우려 하겠지만 비우는 쪽이 일Work을 쥐고 있는 손이어서는 안 된다. 아직은 미숙한 경험과 판단에서 비롯된 결론일진대 포기하기엔 너무 이르지 않은가. 최선을 다한다면 그 손은 절대로 당신을 실망시키지 않을 것이다. 물론 쉽지는 않겠지만 말이다.

성공에 관해 이야기하기로 해놓고선 놓으란 말로 마치게 되었다. 이율배반이라고 생각할지 모르겠으나 곰곰이 생각하면 일관성이 느껴질 것이다. 나무는 가지 끝에서 시작한다. 낭떠러지 같아 보여도 어떤 나무든 생장점은 가지의 끝에 있다. 나무는 다른 부위가 아니라 가지의 끝에서 성장하듯 또 다른 시작을 하려면 가지의 끝으로 가야 한다. 이 말을 조심스럽게 이렇게 바꾸어 본다.

사람은 어제에서 시작하고 한계를 극복하면서 성장한다. 이를 위해서는 뛰면서 생각해야 한다.

어쩌면 이것이 이 책에서 줄기차게 주장했던 내용의 핵심이다. 오랜 시간 함께 고민해준 정연숙, 김관용 작가 그리고 끝까지 읽어준 당신께 진심으로 감사드린다.

아직도 생각 중이라고 말하지 마라

초판 1쇄 발행 | 2018년 11월 15일

지은이 | 박천웅
펴낸곳 | 주식회사 시그니처
출판등록 | 제2016-000180호
주소 | 서울시 마포구 큰우물로 75 1308호(도화동, 성지빌딩)
전화 | (02)701-1700
팩스 | (02)701-9080
전자우편 | signature2016@naver.com

ISBN 979-11-89183-03-5(03320)

ⓒ박천웅, 2018

값 15,000원